SUMÁRIO

INTRODUÇÃO

Você já parou para pensar sobre o que faz a economia funcionar e por que as recessões acontecem? Ou por que os preços sobem e caem? Por que os governos pegam dinheiro emprestado e por que importa se eles se endividarem demais? O que causa o desemprego? Por que o preço dos imóveis é tão importante na economia? O que tanto faz com que nossa taxa de poupança e o custo dos empréstimos subam ou desçam?

Em caso positivo, então você já se interessa por economia.

Esse é o tipo de questão de que ouvimos falar todo dia nos jornais e noticiários de TV. Sempre houve certo fascínio com o que acontece na economia. Isso ficou ainda mais patente durante a crise do crédito global e com a recessão que se seguiu, que teve um grande impacto nas economia e nos negócios ao redor do mundo.

Nunca foi tão importante entender o que está acontecendo no mundo da economia. Os últimos anos mostraram-nos que nem sempre podemos confiar em forte crescimento econômico e em uma taxa de inflação que se mantém estável de um ano para outro. Às vezes algo dá errado e, quando isso acontece, dificilmente a economia não estará nas manchetes.

Para os não iniciados, compreender a economia pode ser uma perspectiva assustadora. Muitas vezes as notícias supõem que o leitor, telespectador ou ouvinte sabe mais de economia do que realmente é o caso. Mas não é preciso um título de bacharel para entender de economia. Na verdade, é uma matéria bastante lógica, e o básico pode ser aprendido com muita facilidade. Não é coincidência que, no século 18, o economista Adam Smith (considerado o pai da economia) tenha começado sua carreira na Universidade de Glasgow, na Escócia, como professor de Lógica.

O objetivo deste livro é proporcionar uma introdução básica à economia. Entendê-la é uma das pedras fundamentais para se gerir um negócio. Portanto, ter uma noção do que acontece em economia lhe dará uma ideia muito melhor dos fatores que envolvem o seu negócio, tanto agora quanto no futuro.

Se você está em um negócio e deseja ter uma noção melhor das forças econômicas que afetam seu resultado ou simplesmente procura melhorar seu entendimento geral de como a economia funciona, então este livro proporciona uma introdução simples ao assunto. Ele explicará as principais ideias da economia em termos simples e esperamos que seja um estímulo para outras leituras sobre o assunto no futuro.

Então, basicamente, se você procura uma introdução para essa ciência abrangente que é a economia, então você não precisa ir além deste livro. A economia é um assunto fascinante, que está se tornando cada vez mais popular dentro das escolas e universidades. Visite uma livraria da sua cidade e você verá o nível de interesse no assunto pelo número de livros sobre economia popular e, principalmente, sobre a recente crise de crédito.

Este livro lhe dará os recursos necessários para enxergar de forma mais clara como funciona a economia e o que significam os eventos econômicos para você e o seu negócio e também ajudará a entender melhor as análises econômicas e discussões que você lê nos jornais ou ouve na TV todos os dias.

CAPÍTULO 1
CRESCIMENTO

DO QUE SE TRATA

- Como medir o tamanho da economia e com que velocidade ela cresce
- Como os fluxos monetários circulam na economia
- Como a renda das pessoas afeta as decisões sobre consumo e poupança
- Como a atividade acelera e desacelera, mas geralmente cresce no longo prazo
- Por que um aumento no consumo pode ter um efeito exponencial na economia
- O que são as recessões e por que elas acontecem

O QUE É O CRESCIMENTO ECONÔMICO?

Ouvimos com bastante frequência nos noticiários de TV e rádio, nos jornais e na internet quão rapidamente a economia cresce ou, como é o caso durante uma crise financeira, contrai. Mas o que exatamente é isso que chamam de "economia" e como podemos medir seu tamanho e sua taxa de crescimento?

O tamanho da economia é descrito pelo PIB, sigla de "Produto Interno Bruto". Uma das maneiras de medir o tamanho da economia é considerar o montante de produtos e serviços (Produto) de determinado país (Interno) na sua totalidade (Bruto). Isso é chamado de PIB sob a ótica da produção, mas há dois outros modos de se chegar a esse número. Podemos somar o total de *despesa* gasta em produtos e serviços. Ou podemos medir a atividade econômica calculando o total da renda que foi gerada.

Em geral, a atividade econômica é medida trimestral ou anualmente. A taxa de crescimento econômico, dessa forma, é nada mais do que a porcentagem da alteração no PIB de um trimestre a outro (taxa de crescimento trimestral) ou de um trimestre para o mesmo período do ano seguinte (crescimento anual). Muitas vezes a taxa de crescimento é mostrada como uma cifra "anualizada", ou seja, qual será a velocidade de crescimento da economia durante o ano todo se ela mantiver a taxa alcançada no trimestre em questão.

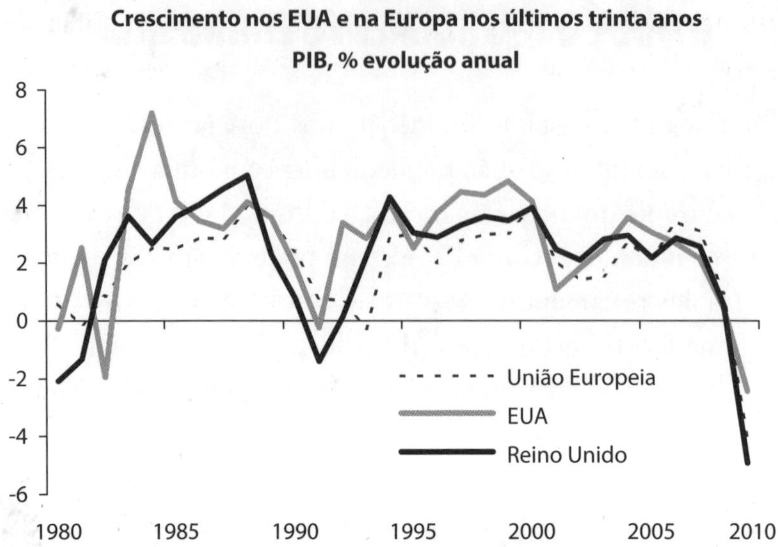

TRÊS MEDIÇÕES DA ATIVIDADE

As três medições do PIB, ou atividade econômica, mencionadas anteriormente devem ser idênticas (pelo menos na teoria), pois toda renda se torna despesa com produtos e serviços oriundos de uma produção. Na prática, no entanto, é difícil medir a atividade econômica de maneira precisa e pode ser difícil fazer com que as três medições se igualem. Vamos examinar mais de perto essas três maneiras diferentes de estabelecer o tamanho da economia.

1. Produção

A ótica da produção soma o preço de todos os bens e serviços produzidos em uma economia. Isso inclui a produção de empresas de manufatura, mineração e distribuição de energia (coletivamente chamados de "produção industrial"), assim como a construção civil e a produção agrícola.

Também é incluída a produção das empresas de serviços, embora elas não façam produtos físicos como as manufatureiras. Nesse grupo estão inseridas empresas de transporte e de telecomunicações, restaurantes, hotéis, bancos, contadores e consultores imobiliários, entre outras; todos fornecendo serviços valiosos à economia. Nas economias desenvolvidas como Reino Unido, Estados Unidos e Europa, o setor de serviços se tornou muito mais importante nos últimos anos, ao mesmo tempo que a base industrial está cada dia menor.

Mudanças na estrutura da economia do Reino Unido

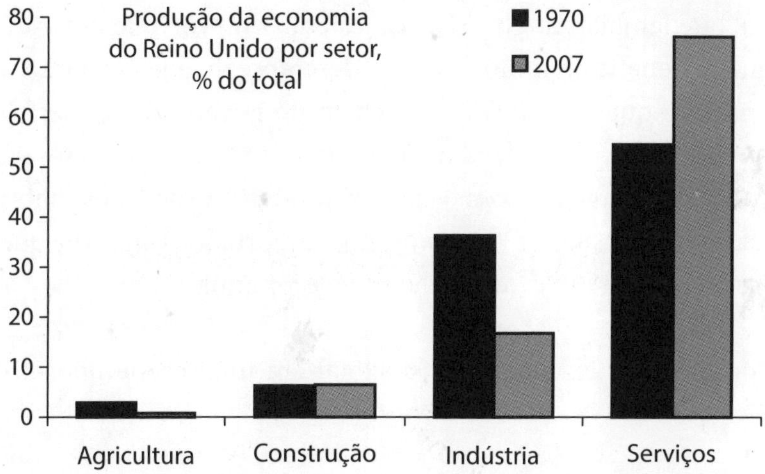

2. Renda

Podemos medir o PIB somando quanto se ganha em toda a economia. Isso significa somar os salários pagos aos trabalhadores, os alu-guéis pagos aos donos de imóveis e os lucros pagos aos donos de empresas. Algumas vezes você pode escutar essas três palavras-chave: trabalho, terra e capital, conhecidas como os "fatores de produção". Isso se deve ao fato de esses três componentes básicos, aliados ao conhecimento tecnológico, serem obrigatórios para se produzir bens e serviços.

3. Despesa

Ainda mais importante, vejamos a ótica da mensuração do PIB pela despesa. Se formos medir o tamanho de uma economia levando em conta todos os gastos, precisaremos pensar não apenas em quanto gastamos como indivíduos, mas também nos gastos de outros grupos. O que as empresas gastam com investimentos, por exemplo, deve ser incluído. Costumamos pensar no investimento, do ponto de vista das empresas, como a compra de edificações e máquinas, mas não nos esqueçamos de que quando elas renovam seus estoques (ou inventários) isso também é um tipo de investimento, uma vez que eles podem ser armazenados e vendidos posteriormente. Os governos gastam com bens e serviços, tanto para despesas correntes quanto para fins de investimento, que também fazem parte do cálculo do PIB. Vale notar que ele não inclui benefícios como o seguro-desemprego, que já estarão incluídos naquilo que os *indivíduos* recebem do governo e que será gasto, pois seria uma dupla contagem. Finalmente, também incluímos quanto é gasto por estrangeiros com os nossos produtos exportados, subtraído de quanto nós gastamos com produtos importados (uma vez que esta despesa representa saída de dinheiro da economia).

Portanto, basicamente, o gasto total em uma economia se baseia em:

- quanto as famílias consomem;
- investimentos feitos por empresas (incluindo a compra de estoque);
- gastos do governo;
- gastos com exportações (menos importações).

COMO TUDO SE ENCAIXA

A interação entre esses grupos (famílias, empresas, governo e setor externo) em uma economia é chamada de "fluxo circular da renda" e ter uma ideia dela nos ajuda a entender como as economias funcionam. De maneira simples, as empresas produzem bens e serviços e fornecem em troca uma fonte de renda aos seus funcionários. Elas também pagam aluguel aos proprietários dos imóveis, enquanto os lucros vão para os donos dos negócios. As famílias então usam parte dessa renda na compra de bens e serviços produzidos pelas empresas, razão pela qual o processo é chamado fluxo circular da renda. A melhor maneira de mostrar tudo isso é por meio do diagrama que representa esse fluxo, conforme veremos adiante.

Como se pode ver, o esquema não é tão simples. À medida que a renda circula no sistema, parte do dinheiro é removida, mas ao mesmo tempo entra mais dinheiro no processo. O dinheiro pode sair de três formas: (i) gastos com importação (uma vez que o dinheiro sai do país); (ii) o pagamento de impostos ao governo; e (iii) o dinheiro poupado em bancos e outras instituições financeiras. E a entrada de dinheiro ocorre de maneira similar, mas conceitualmente distinta: (i) estrangeiros gastando seu dinheiro nos produtos que exportamos; (ii) o governo gastando o dinheiro dos contribuintes em serviços públicos; e (iii) empresas tomando emprestado o dinheiro poupado nos bancos para investir.

Quando o montante de dinheiro que sai do fluxo circular (importações, impostos, poupança) é igual ao montante que entra (exportações, gastos do governo e investimento) tem-se uma situação satisfatória, que os economistas chamam de "equilíbrio". Quando eles não estão emparelhados, isso pode acelerar demais a economia (mais entradas do que saídas) ou desacelerá-la (mais saídas do que entradas).

No diagrama a seguir, os círculos sombreados são de vários grupos ou "setores" da economia, enquanto os círculos brancos mostram os mercados de trabalho e de produtos e serviços. As setas representam os fluxos de dinheiro, sendo as vermelhas o dinheiro que sai do sistema, e as azuis são o dinheiro que entra. Tire um tempo para observar esse diagrama e deverá ficar claro como tudo se encaixa. Em especial, ele ajuda a explicar porque as óticas de produção, renda e despesa do PIB devem ser iguais: porque elas estão apenas medindo o fluxo de dinheiro em diferentes pontos do ciclo (as três óticas são mostradas em letras maiúsculas no diagrama acima, para facilitar a identificação).

O fluxo circular da renda

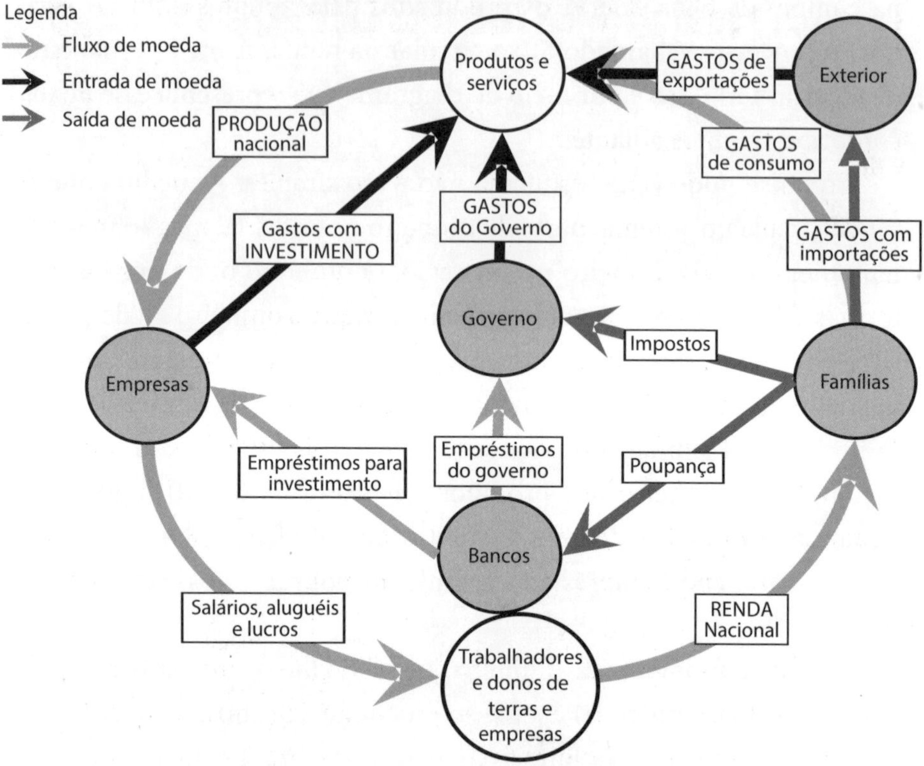

QUEM DISSE

Um indivíduo é "levado como que por uma mão invisível a promover um objetivo que não fazia parte de suas intenções... Ao perseguir os próprios interesses, o indivíduo muitas vezes promove o interesse da sociedade muito mais eficazmente do que quando tenciona realmente promovê-lo."

Adam Smith

FOCO NO CONSUMO DAS FAMÍLIAS E NOS INVESTIMENTOS DAS EMPRESAS

Consideremos a ótica da despesa. Detalharemos mais adiante os gastos do governo e o comércio internacional (exportações e importações), por enquanto vamos nos concentrar nos principais fatores que influenciam os gastos de famílias e empresas.

O que as famílias do Reino Unido consomem

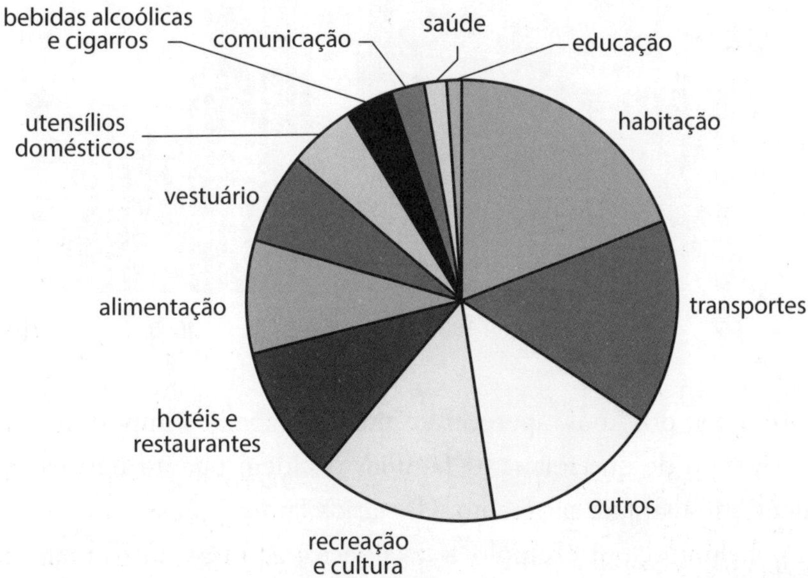

O consumo das famílias é um dos componentes mais importantes da despesa total, pois representa grande parcela da economia. Aliás, em muitas economias desenvolvidas cerca de dois terços de todos os gastos são feitos pelas famílias. O gráfico anterior mostra o que se gasta no Reino Unido. Cerca de metade de todo esse gasto é com o que se pode chamar de essenciais (dispêndio com moradia, transporte, alimentação, saúde e educação), que não costumam sofrer alterações de um ano para o outro.

Quando escolhemos quanto da nossa renda iremos gastar, temos que necessariamente decidir também que parte iremos poupar. Isso é chamado de taxa de poupança das famílias, conforme o gráfico abaixo para o Reino Unido.

Mudanças na taxa de poupança do Reino Unido ao longo do tempo

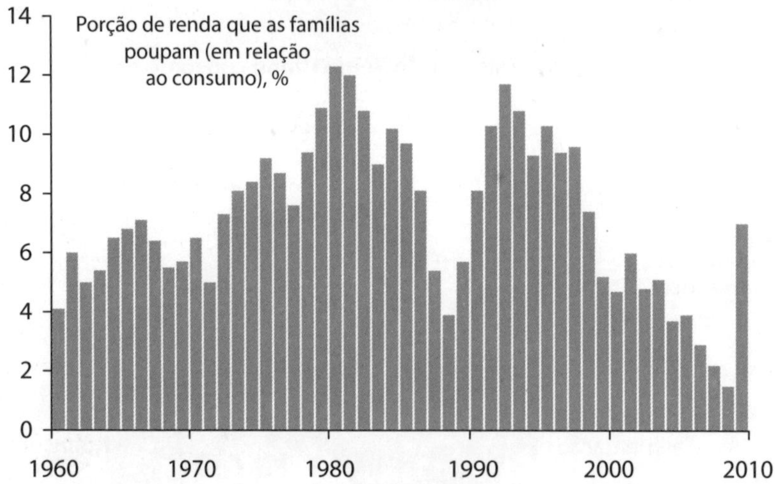

Ao longo dos anos, apareceram muitos trabalhos importantes que investigaram de que forma as famílias decidem quanto irão gastar e poupar em qualquer momento. Há vários fatores que afetam essa decisão, incluindo, por exemplo, a taxa básica de juros (juros mais altos desestimulam os gastos por tornar os empréstimos mais caros e estimulam a poupança devido aos maiores retornos). Mesmo o valor de nossas casas ou das ações de empresas que podemos ter afetam quanto gastamos: quanto mais ricos nos sentirmos, mais propensos estaremos a comprar. Isso é chamado de "efeito riqueza".

Deixando essas influências de lado, um dos grandes debates entre os economistas no passado foi sobre como o nível da renda afeta os gastos. Na década de 30, John Maynard Keynes, um dos economistas mais importantes de todos os tempos, argumentou que o montante que as pessoas gastam depende principalmente de quanto elas ganham no momento com seu trabalho.

Embora isso faça sentido, pareceu elementar demais para Milton Friedman, economista americano ganhador de um Prêmio Nobel que investigou essas questões nas décadas de 50 e 60. Friedman argumentou que o montante que as pessoas gastam irá depender não apenas da sua renda presente, mas de quanto elas esperam ganhar no futuro; algo que ele chamou de "renda permanente".

Essa conclusão é importante por duas razões. Primeiro, porque isso quer dizer que as pessoas irão abrandar o consumo ao longo do tempo. Nos anos em que os rendimentos de uma pessoa foram particularmente bons, ela pode guardar parte desse dinheiro para que possa dispor dele nos anos ruins, quando sua renda for menor. Uma pessoa preocupada com a estabilidade no emprego, por exemplo, pode optar por economizar agora para ter uma poupança que irá ajudá-la em um momento esperado de desemprego. E segundo, porque isso significa que a intervenção do governo (como o corte de impostos) pode não ter o efeito desejado de ajudar a economia. A razão disso é que talvez as pessoas não gastem toda a sua renda disponível se acreditarem que o governo pode aumentar os impostos novamente no futuro.

Os dados econômicos mostram que esse abrandamento no consumo procede: o consumo das famílias é um dos maiores componentes do gasto total em uma economia, assim como um dos menos variáveis. Os economistas chamam a proporção da renda que as pessoas gastam (em vez de poupar) de "propensão ao consumo", que, tanto para os indivíduos quanto para a sociedade como um todo, irá depender da distribuição de renda. Por exemplo, os menos abastados tendem a consumir uma parcela maior da sua renda do que os mais ricos.

Essa relativa estabilidade que vemos no consumo, no entanto, não se aplica se considerarmos o quanto as empresas investem. O investimento geralmente é uma parte menor do gasto total do que o consumo, mas isso pode mudar rapidamente. Keynes afirma que isso era devido

QUEM VOCÊ PRECISA CONHECER

John Maynard Keynes

John Maynard Keynes foi um dos mais importantes pensadores da economia no século 20. Sua vida foi dedicada a um ramo da economia chamado macroeconomia: o estudo de como a economia funciona como um todo. Nos seus trabalhos, publicados entre as duas guerras mundiais (sendo o mais importante deles a Teoria Geral do Emprego, do Juro e da Moeda, em 1936) ele tratou de fatores que determinavam as principais variáveis econômicas, como a taxa básica de juros, inflação, produção e desemprego.

Keynes argumentou que o maior propulsor de atividade econômica era a diferença entre quanto as pessoas queriam poupar e quanto as empresas queriam investir. Ao contrário de seus predecessores (os economistas "clássicos", como Adam Smith), Keynes acreditava que a taxa básica de juros nem sempre estaria em um nível que equilibrasse ambos. Poupança demais significaria que não se estava consumindo o suficiente, o que poderia causar uma recessão. Ao mesmo tempo, poupança de menos causaria um crescimento acelerado no consumo, que por sua vez levaria ao aumento da inflação.

Keynes era um firme defensor da intervenção do banco central e do governo. Deixar a economia agir pelos próprios mecanismos (política conhecida como "laissez-faire") pode causar um período prolongado de atividade em excesso ou baixa demais. Alterando a taxa básica de juros e os gastos públicos/impostos, as autoridades podem administrar a atividade econômica e a inflação em um período de tempo mais curto. Ele chegou a afirmar que, se a demanda total (ou "agregada", como chamam os economistas) for muito baixa (e o desemprego alto demais), os governos poderão ajudar colocando dinheiro em garrafas e enterrando-o, para que então as pessoas o desenterrem e vão gastá-lo! Ser "keynesiano" significa, portanto, ser a favor da intervenção do Estado na economia por meio de um processo de "gestão da demanda".

aos “espíritos animais” dos investidores. E, como resultado, as oscilações nos investimentos podem ter grandes consequências na taxa de crescimento total da economia, tanto positivamente em um crescimento acelerado quanto negativamente nas recessões.

De que forma as empresas decidem quanto investir? Se elas não estiverem suprindo o aumento de demanda por seus produtos, provavelmente precisam investir para poderem produzir mais. Por outro lado, se estiverem produzindo demais em relação à demanda, então precisam investir menos ou mesmo dispensar uma das fábricas ou parte do maquinário. Nesse caso dizemos que a empresa possui “capacidade excedente”.

O custo do aumento da força de trabalho deve ser levado em consideração, uma vez que mais maquinário provavelmente irá demandar mais pessoas para operá-lo. E o preço do que as empresas vendem comparado ao custo de investir (taxa de juros) também é algo importante a se considerar. Diferente de Keynes, os economistas clássicos acreditavam que a taxa básica de juros no mercado deve com o tempo, sem intervenção, equilibrar a disposição das famílias em poupar e a das empresas em investir.

VOLUMES, VALORES E PERÍODOS

Antes de examinarmos os ciclos econômicos, há mais duas coisas importantes a saber sobre o PIB.

Primeiro, pode parecer óbvio, mas o tamanho da economia irá variar dependendo do período do ano. Por exemplo, a atividade econômica costuma ser maior de outubro a dezembro do que em qualquer outro trimestre do ano, uma vez que a produção, as despesas e as rendas todas aumentam por causa do Natal. Distorções como essa dificultam a análise da tendência básica da economia, motivo pelo qual o PIB costuma ser ajustado para essas influências sazonais. Dessa forma, se a produção já ajustada apresentar forte crescimento no fim do ano, podemos saber com certeza que há algo além das rotineiras compras de Natal.

A segunda coisa tem relação com os preços. Até agora, você deve ter imaginado que estamos falando do PIB em moeda corrente, ou "nominal"; ou seja, o valor dos bens produzidos ou comprados, ou a renda ganha. Mas, normalmente, quando ouvimos falar em atividade econômica ela é em termos "reais" – ou o número dos bens produzidos ou comprados, ou quantos podem ser comprados com a nossa renda atual.

Considere o seguinte exemplo. Imagine que a economia produza apenas bolsas e que no primeiro ano sejam vendidas 100 bolsas a R$10 cada. Digamos que no ano seguinte seja vendido o mesmo número, mas que o preço tenha aumentado para R$ 15 cada. O PIB nominal, nesse caso, terá aumentado em 50%, de R$ 1.000 para R$ 1.500 entre os dois anos, Mas o PIB real, ou a quantidade física produzida na economia, não terá sofrido alterações.

Há ocasiões em que preferimos olhar para a atividade nominal em vez da real. Mas, de forma geral, quando falamos de taxa de crescimento em uma economia estamos nos referindo ao PIB em volume (ou real).

CICLOS ECONÔMICOS E TENDÊNCIA DE CRESCIMENTO

Como se pode ver, a taxa com que a economia cresce pode variar consideravelmente ao longo do tempo. Às vezes o crescimento da atividade é forte, às vezes fraco, e há ocasiões em que ele chega a retrair, como aconteceu de forma acentuada em muitos países desenvolvidos na recente crise financeira. Esse processo de altos e baixos do PIB em torno de uma tendência geral de crescimento é chamado pelos economistas de "ciclo econômico".

O ciclo econômico

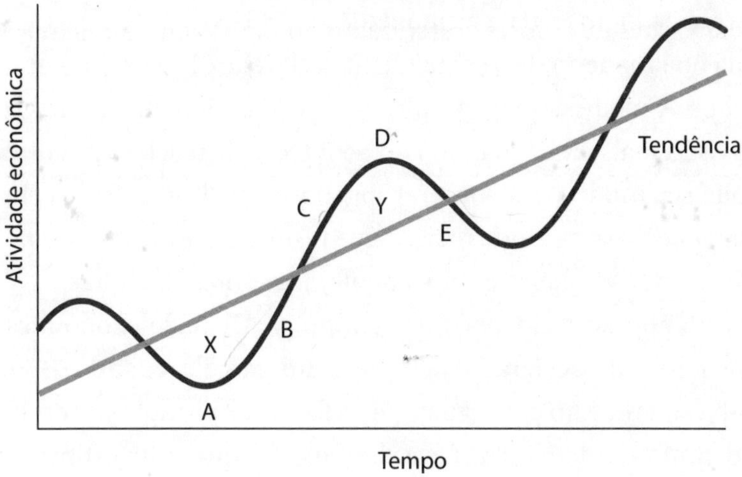

Vamos examinar as fases de um ciclo econômico comum usando o gráfico acima, começando pelo ponto A. Este é mais ou menos o ponto em que estavam muitas economias desenvolvidas imediatamente após a recessão de 2008/2009. A atividade na maioria dos países se estabilizou após forte queda durante a crise do setor bancário, situação representada pela linha mais horizontal.

Seguindo a recessão, o próximo estágio de um típico ciclo econômico é a recuperação, indicada pelos pontos B e C. A atividade econômica no início começa a crescer em um ritmo lento antes de acelerar (ponto B), saltando do fundo da recessão (e aqui vale lembrar que a linha do gráfico acima mostra o nível de atividade e, quanto mais inclinada, mais rápida será a taxa de crescimento).

À medida que a economia continua a crescer, geralmente com apoio do banco central e do governo (a taxa básica de juros e os impostos provavelmente serão reduzidos, enquanto os gastos do governo deverão ser maiores), a atividade em algum momento volta para um nível acima da tendência (ponto C). A taxa de crescimento neste ponto estará acelerando, provavelmente devido a algo conhecido como "teoria do acelerador". À medida que o PIB se recupera, o mesmo acontece com o lucro das empresas, gerando um nível maior de investimento, emprego e renda. Parte dessa renda é então gasta em produtos e serviços, que realimenta os lucros e dá continuidade ao processo.

Uma boa maneira de se entender o acelerador é pensar em um time de futebol. À medida que a performance do time melhora, ele vai para uma divisão mais alta. Quando isso acontece, ele recebe mais dinheiro, que pode ser usado para comprar jogadores melhores. Isso melhora a performance do time ainda mais, o que resulta em uma melhor posição na divisão, mais dinheiro e (novamente) jogadores melhores.

Retornando ao ciclo, após um tempo, a atividade econômica provavelmente irá desacelerar. Chega-se a um gargalo quando as empresas simplesmente não conseguem mais fornecer produtos e serviços no mesmo ritmo da demanda. Leva tempo para que o investimento que as empresas provavelmente estejam fazendo neste ponto aumente efetivamente a produção. Afinal, não se constroem fábricas da noite para o dia. As empresas começam a operar acima da sua tendência ou nível potencial. Em algum ponto, a economia irá parar de crescer (situação mostrada pela linha no ponto D ficando mais horizontal) e novamente uma recessão irá se seguir (ponto E), completando o ciclo.

Isso, é claro, é um quadro generalizado. Nem todos os setores irão passar pelos mesmos altos e baixos que o ciclo como um todo, e alguns tendem a ser relativamente imunes a essas oscilações (como os produtores de eletricidade, por exemplo, pois ao longo do ciclo as pessoas tendem a não mudar seus hábitos de consumo em coisas essenciais como energia tanto quanto em bens supérfluos, como bolsas). E, muito mais em alguns países do que outros, a política irá influenciar o ciclo, uma vez que os governos podem aumentar os gastos perto das eleições para ganhar votos. Na realidade, cada ciclo é diferente.

MULTIPLICADORES

Nenhuma discussão sobre o ciclo econômico estaria completa sem a menção do que se conhece como "multiplicadores". O conceito é simples: um aumento em, digamos, investimentos e gastos do governo irá eventualmente gerar um crescimento no PIB geral que será maior do que o aumento de gastos que lhe deu origem.

Para explicar isso, vamos pensar no exemplo real do que aconteceu durante as recessões mais recentes. O consumo das famílias no setor automotivo sofreu forte queda na recessão de 2008-09. Um consumo opcional como esse tende a sofrer de maneira desproporcional quando há incertezas econômicas e critérios mais restritivos na concessão de empréstimos. Em resposta, os governos em vários países optaram por apoiar suas indústrias automotivas implantando programas de estímulo à população para a compra de carros novos. Um exemplo é o programa de incentivo ao "abate de veículos".

No Reino Unido, o programa pagava 2.000 libras na compra de um carro novo, caso o comprador entregasse um carro com mais de dez anos de uso, o que custou ao governo mais de 400 milhões de libras. Com relação ao tamanho da economia, não é tanto dinheiro assim: representou apenas 0,03% do PIB do Reino Unido em 2009 e, mesmo em proporção a tudo o que a população gastou na compra de veículos em 2009, representou apenas 1%. No entanto, o impacto que ele teve foi muito maior. Com mais carros vendidos do que seria o caso sem o programa, mais pessoas foram empregadas no processo produtivo.

Elas, por sua vez, gastaram parte das suas rendas em outros produtos e serviços que não poderiam comprar se não tivessem emprego. E acima de tudo, pense em todas as indústrias de suporte que poderiam ter falido, caso não tivessem ajudado a produção de carros: fábricas de vidros, pneus, lâmpadas, sem falar nas fornecedoras destas. A importância do efeito multiplicador irá depender da proporção de qualquer renda extra recebida que os indivíduos gastem: quanto mais alta for, mais poderoso é o efeito.

Não é de se surpreender, então, que Keynes tenha insistido na intervenção do governo. Se a economia não estiver indo bem, uma boa dose de gastos do governo deve ajudar, pois eles geram mais atividade do que a quantia originalmente gasta. Mas, assim como tudo na economia, a defesa da intervenção está longe do consenso, pois o aumento da dívida pública pode gerar seus próprios problemas, e esse dinheiro terá que ser devolvido em algum momento.

CAPACIDADE OCIOSA E O HIATO DO PRODUTO

A capacidade ociosa é um conceito chave na economia. Pode-se dizer, por exemplo, que um produtor tem capacidade ociosa se, caso sua fábrica trabalhe a todo vapor, esta puder gerar superprodução com relação ao necessário. Normalmente, nessas condições, uma empresa iria reduzir sua produção mantendo algumas máquinas ociosas ou fechando fábricas inteiras, demitindo parte dos funcionários e reduzindo a jornada de trabalho de outros.

Para a economia em geral, a capacidade ociosa significa que as empresas no todo são capazes de fornecer mais produtos e serviços do que o demandado pela economia.

Mas como podemos medir a capacidade ociosa? Uma maneira pode ser examinando a taxa de desemprego, pois ela tende a aumentar durante períodos de capacidade ociosa.

Mas há outra forma pela qual podemos estimar a capacidade ociosa, que é calculando o que se chama de "hiato do produto" (algo também referido como hiato "inflacionário" ou "deflacionário"). A maneira mais fácil de explicar isso é voltar ao último gráfico, que mostra o nível de atividade econômica comparada a uma tendência. Pense nessa tendência como o nível de produção que poderia ser mantido sem gerar inflação. O hiato do produto, portanto, é apenas a diferença entre a atividade econômica real (linha ondulada) e a tendência ou nível potencial do PIB (a linha reta cinza), normalmente expressa em uma porcentagem.

Um exemplo irá ajudar. Considerando novamente a fábrica de bolsas, se a demanda é fraca e a empresa está produzindo 90 bolsas tendo capacidade para produzir 100, então teríamos um hiato do produto (ou deflacionário) de 10% (área X do gráfico anterior). Por outro lado, se a

QUEM VOCÊ PRECISA CONHECER

Joseph Schumpeter

Assim como Keynes, Joseph Schumpeter dedicou boa parte da sua vida tentando entender os altos e baixos do ciclo econômico, embora de uma perspectiva um tanto diferente. Ele classificou três tipos de ciclo: os curtos, que duram de um a dois anos e são causados por empresas ajustando seus níveis de estoque ou inventário; os de médio prazo, durando cerca de uma década, como os que foram abordados no último gráfico, que são resultado de mudanças nas escolhas de investimento das empresas; e os mais longos, durando várias décadas, que podem ser explicados por ondas de inovação. Os exemplos do último incluem a Revolução Industrial ou talvez o mais recente advento da internet.

A teoria mais associada a Schumpeter é a da "destruição criativa". As empresas, de maneira contínua, introduzem novos produtos ou formas mais eficientes de produção, sendo a empresa que inova aquela que colhe os lucros enquanto as outras tentam copiá-la. No entanto, as empresas que sofrem são as que não conseguem se adaptar à nova tecnologia ou aos meios de produção mais eficientes; elas são destruídas pela implantação de novas e superiores formas de se fazer negócio. Um grande exemplo disso é a indústria dos jornais, em que as gráficas estão sendo rapidamente substituídas pela internet.

demanda for tão alta que a empresa produza 110 bolsas, exigindo mais da fábrica e dos funcionários, então diríamos que há um hiato positivo (ou inflacionário) do produto em 10% (área Y no gráfico).

E por que isso é importante? O grau de capacidade ociosa pode ter incidências na inflação e consequentemente na taxa de juros definida pelo banco central. Mas estimar os hiatos do produto pode ser complicado, pois não sabemos na verdade qual é a tendência ou PIB potencial. Vamos agora nos concentrar em uma parte específica do ciclo econômico, na qual a atividade cai para um nível abaixo da tendência, gerando então uma capacidade ociosa. Chamamos esses períodos de recessões e, se muito ruins, depressões.

RECESSÕES E DEPRESSÕES

O que é uma recessão? De forma geral, é quando a economia contrai durante algum tempo. Pode haver casos, no entanto, quando a atividade econômica cai por um período muito curto devido a algum evento atípico e, a partir de então, volta a crescer. Esse não é bem o espírito da recessão. Precisamos de uma maneira melhor de defini-la do que simplesmente um momento qualquer de baixa atividade. Uma definição pode ser que ela é uma queda da atividade ao longo de um ano, como as recessões representadas pelo gráfico da página 10. A definição mais comum de recessão, no entanto, é quando o PIB cai por dois trimestres seguidos (ou seja, ao longo de seis meses). Se isso acontecer, é difícil descartá-la como um evento atípico isolado.

Ainda assim, porém, alguns países utilizam definições diferentes. Um deles é os Estados Unidos, em que a Agência Nacional de Pesquisas Econômicas (National Bureau of Economic Research, NBER) declara períodos de recessão baseada em uma série de indicadores econômicos importantes, e não apenas a atividade. Como explica a agência: "Uma recessão é um declínio considerável na atividade que se espalha por toda a economia, durando mais do que alguns meses, geralmente visíveis no PIB real, renda real, emprego, produção industrial e vendas no atacado e varejo".

Vale notar que, embora essas definições se apliquem a qualquer país, não são apropriadas para o mundo como um todo. Quando observamos a economia global, como estamos tirando uma média entre vários países, os bons desempenhos costumam compensar os ruins. E, dessa forma, é muito raro que a atividade no âmbito global sofra queda no período de um ano. Existe uma regra prática informal, no entanto, que considera que há recessão caso o crescimento da economia global fique abaixo de 2% ao ano. Ainda assim, a recessão de 2009 foi tão grave (e criticamente tão sincronizada) que a atividade mundial de fato recuou, como mostra o gráfico na próxima página.

Quanto tempo costumam durar as recessões? Assim como cada ciclo econômico é diferente, também o são os períodos de recessão dentro desses ciclos. O crescimento é o modo-padrão de todas as economias: a cada ano a atividade econômica costuma ser maior do que a do ano anterior, em parte devido ao crescimento da população que consome e produz mais e em parte porque a população existente está se tornando mais produtiva.

Embora menos comum, os períodos de queda de produção e consumo ainda são parte do típico ciclo econômico. No Reino Unido, por exemplo, as recessões mais recentes (as de 2008/2009 e as do início das décadas de 90 e 80) duraram pouco mais de um ano. A razão pela qual a economia continua enfraquecida por um período prolongado é porque, como demonstra o gráfico da página 21, leva algum tempo até que o nível de atividade e emprego retorne à sua tendência depois que a produção para de cair. Ou seja, o hiato deflacionário pode continuar negativo por um longo período após a recessão, mesmo no caso de um forte crescimento econômico.

Algumas pessoas usam os termos "recessão" e "depressão" alternadamente. No entanto, o termo "depressão" geralmente se refere a uma situação em que o nível de atividade e emprego não apenas cai de forma acentuada, mas na sequência é incapaz de se recuperar, permanecendo em níveis baixos por um longo período. De maneira simples, a depressão é uma recessão muito ruim seguida de uma recuperação medíocre.

Crescimento global da economia desde 1980

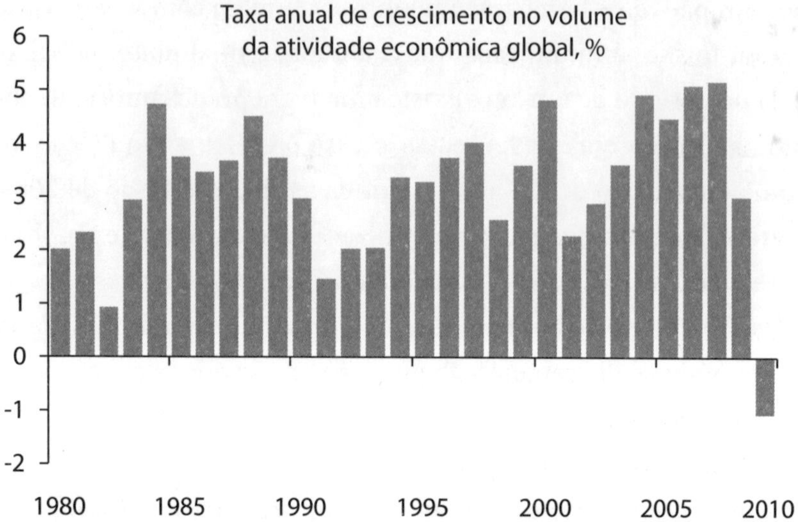

Recessões anteriores no Reino Unido

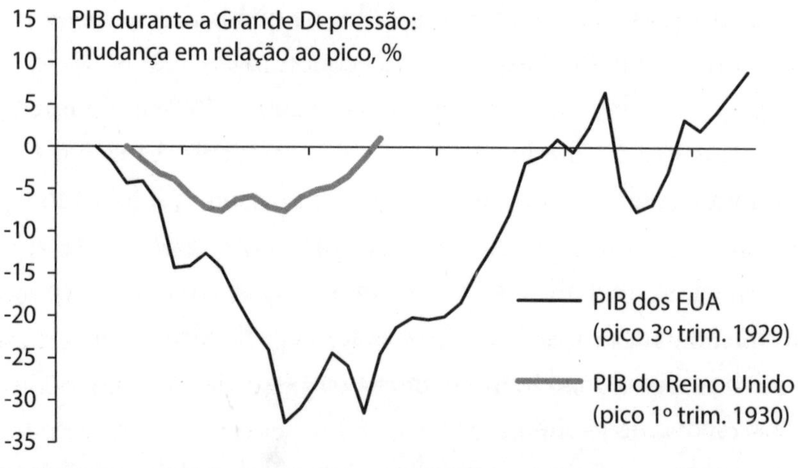

O gráfico anterior mostra como as economias dos EUA e do Reino Unido se saíram na década de 30. Enquanto o Reino Unido passou por uma grave recessão (o nível de atividade caiu 7,5% do ponto máximo ao mínimo, recuperando-se de forma relativamente rápida), os EUA passaram por um período de depressão. A atividade caiu mais de 30% do ponto máximo ao mínimo, e a economia sofreu duas quedas até o fim da década.

Pode-se dizer que a economia do Japão também esteve em um estado de depressão nas últimas duas décadas. Depois de sofrer um colapso no crescimento no início da década de 90, com as bolhas da construção civil e do mercado de ações do fim da década de 80 estouradas, a atividade econômica em termos nominais não conseguiu se recuperar: ainda se mantém no mesmo nível de vinte anos atrás.

As bolhas são precursoras comuns das recessões. Nos períodos de prosperidade, os preços de ativos como casas e ações de empresas acabam sendo supervalorizados à medida que as pessoas, levadas pela euforia, vão perdendo a noção do valor correto. Mas chega um momento em que elas percebem que os preços subiram além dos níveis apropriados, ou fundamentais, geralmente motivado por uma mudança feita pelo banco central ou por uma política do governo (como aumento da taxa de juros ou dos impostos) ou algum choque externo (como a crise do petróleo da década de 70).

A última recessão não foi diferente. Donos de imóveis nos EUA compraram casas além das suas posses, fazendo financiamentos a juros extremamente baixos e forçando o preço dos imóveis para cima. Mas, quando as taxas de juros subiram, eles ficaram sem chão, incapazes de continuar pagando as prestações. Com os bancos detendo essas dívidas em escala global, o resultado foi uma crise de crédito de longo alcance. As economias se tornaram muito mais interligadas nas últimas décadas, não apenas por meio do sistema financeiro internacional, mas também por meio do comércio. O resultado foi uma queda acentuada e sincronizada na atividade econômica, como mostra o gráfico a seguir.

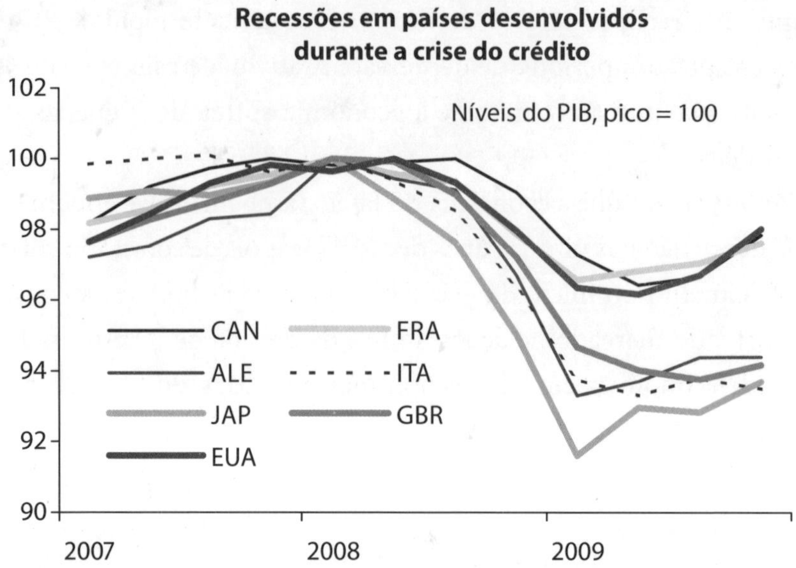

COMPARANDO AS ECONOMIAS AO REDOR DO MUNDO

Quais economias do mundo têm a maior atividade? Em termos de PIB total (em dólares americanos correntes), os EUA são a maior economia, representando pouco mais de 20% de toda a produção mundial.

China (12,5%), Japão (6%), Índia (5%) e Alemanha (4%). Reino Unido, Rússia, França e Brasil vêm em seguida (cada um representando cerca de 3% do PIB mundial), depois Itália (2,5%) e México (2%). Todos os outros países têm PIBs em menos de 2% do total mundial. Ao se fazer comparações internacionais, não devemos considerar apenas o PIB total, que nos diz o tamanho de uma economia em relação a outras, mas também o PIB per capita, que é uma medida melhor (embora não perfeita) do padrão de vida. Por exemplo, embora a economia da China seja maior do que a do Reino Unido, há mais pessoas vivendo na China que precisam dividir esse PIB. Qatar, Luxemburgo e Noruega são os três países mais ricos em termos de PIB per capita, enquanto Libéria, Congo e Zimbábue são os três mais pobres.

O gráfico a seguir mostra essas duas medições do PIB no grupo de países do G20, junto com as suas classificações mundiais (os mais observadores irão notar que há apenas 19 países no G20).

Embora os números per capita sejam úteis para comparações entre países ao longo de um ano, eles não ajudam muito quando se trata de analisar alterações no PIB de um país em curtos períodos de tempo, pela razão óbvia de que a população não muda muito de um trimestre para outro.

Comparando as principais economias ao redor do mundo

País	Tamanho (US$ per capita)	Classificação	Tamanho (% do PIB mundial)*	Classificação
Argentina	14.561	53	0,8	23
Austrália	38.911	11	1,2	18
Brasil	10.514	76	2,9	9
Canadá	38.025	14	1,8	14
China	6.567	100	12,5	2
França	33.679	22	3,0	8

*(Nota do revisor: Esses dados do original são aceitáveis apenas se o PIB for valorado pelo dólar ppp (paridade de poder de compra).

País	Tamanho (US$ per capita)	Classificação	Tamanho (% do PIB mundial)	Classificação
Alemanha	34.212	21	4.0	5
Índia	2.941	129	5.1	4
Indonésia	4.157	121	1.4	15
Itália	29.109	28	2.5	10
Japão	32.608	24	6.0	3
México	13.628	61	2.1	11
Rússia	14.920	52	3.0	7
Arábia Saudita	23.221	39	0.9	22
África do Sul	10.244	78	0.7	25
Coreia do Sul	27.978	31	1.9	13
Turquia	12.476	66	1.2	16
Inglaterra	34.619	20	3.1	6
Estados Unidos	46.381	6	20.5	1

O QUE OBSERVAR

Vamos colocar em prática o que aprendemos até agora e observar as informações que são publicadas sobre o tamanho da economia. Os primeiros países a publicar seus PIBs o fazem no mês seguinte ao trimestre de referência. Por exemplo, o PIB do primeiro trimestre do ano (janeiro a março) é publicado no fim de abril tanto no Reino Unido quanto nos EUA. Os países europeus costumam demorar um pouco mais. Mas todos eles são ofuscados por Cingapura e China, que divulgam seus números em até duas semanas após o fim do trimestre.

Para muitos países, o PIB é publicado tão cedo que acabam faltando muitas informações. Quando os institutos de estatísticas computam o PIB, eles se baseiam em levantamentos feitos pelas empresas, receitas de impostos de renda e impostos sobre vendas, além de detalhes sobre os gastos do governo, e todos levam tempo para serem declarados. Ou seja, as rápidas estimativas do PIB são um caso de troca de qualidade dos dados por agilidade, uma vez que boa parte fica baseada em adivinhações da agência de estatísticas. No entanto, talvez não seja surpresa que o PIB costuma ser em boa parte revisado, à medida que, com o tempo, vão chegando mais notícias sobre a atividade econômica de um dado trimestre.

As notícias sobre o PIB podem ter um impacto considerável nos mercados financeiros. As expectativas de taxa básica de juros e de preços das ações podem sofrer alterações drásticas no caso de uma interpretação do crescimento econômico inesperadamente alto ou baixo. Os economistas costumam ter pelo menos uma ideia de como será a estimativa inicial do PIB porque muitos dos componentes já foram divulgados ao longo do trimestre. No lado da despesa, os preços do varejo (grande parte do consumo total das famílias), os gastos públicos e os dados de importações/exportações foram contabilizados para parte do período, enquanto no lado da produção, já se sabe algo quanto à indústria e do setor de serviços. Mesmo assim, o PIB pode ser volátil, e não é incomum que haja surpresas.

LEMBRE-SE DISTO

A maneira como o dinheiro circula pelo mundo significa que podemos medir a atividade econômica observando a produção, a renda e as despesas. A atividade sobe e desce ao longo do ciclo econômico, causando períodos de expansão e de recessão.

CAPÍTULO 2

INFLAÇÃO

DO QUE SE TRATA

- O que é a inflação e como ela é medida
- Como os preços são determinados pela oferta e pela demanda
- Como a inflação pode ser gerada pelo aumento do consumo e das despesas
- Por que tanto a inflação quanto a deflação podem ser ruins para a economia
- Os extremos da deflação e da hiperinflação
- Por que as expectativas de inflação são importantes

O QUE É INFLAÇÃO?

Pegue qualquer livro-texto sobre economia e você vai encontrar a seguinte definição de inflação: é um aumento no nível geral de preços em uma economia, sustentado ao longo do tempo. Há duas palavras especialmente importantes nessa afirmação: geral e sustentado. Utilizamos a palavra geral para deixar claro que não estamos falando de um aumento no preço de apenas um bem ou serviço, mas de produtos e serviços por toda a economia. É claro, alguns preços irão inevitavelmente subir e outros descer durante o período de inflação. Mudanças nos preços de produtos e serviços individuais são chamadas de mudanças nos preços relativos, mas um período de inflação é quando há uma tendência de alta nos preços gerais. Sustentado significa que a inflação não é um aumento ocasional do nível geral de preços, mas algo mais persistente.

Normalmente, quando falamos em inflação, estamos nos referindo à taxa anual de aumento de preços que as famílias percebem quando compram bens e serviços nas lojas ou pela internet. Esses preços são medidos, entre outros, pelo Índice de Preços ao Consumidor Amplo (IPCA) ou o Índice de Preços no Varejo (IPV). O IPCA é o índice usado pelo Banco Central ao estabelecer metas de inflação.

Não apenas as famílias percebem a inflação, mas também os próprios varejistas. Eles compram produtos dos fabricantes e os revendem às famílias. Os preços dos bens que o fabricante vende aos varejistas são chamados de preços de "produção". Os fabricantes, por sua vez, devem pagar pelas matérias-primas necessárias para produzir o que vendem aos varejistas. Os preços desses bens são chamados de preços de "insumos". Tanto o preço na produção industrial quanto o preço de insumo são coletivamente conhecidos como preços "ao produtor", pois são os valores cobrados pelos produtores.

A relação entre preços de insumos, preços de produção e preços ao consumidor é mostrada no diagrama da próxima página. A diferença

Preços em diferentes estágios do processo de produção e consumo

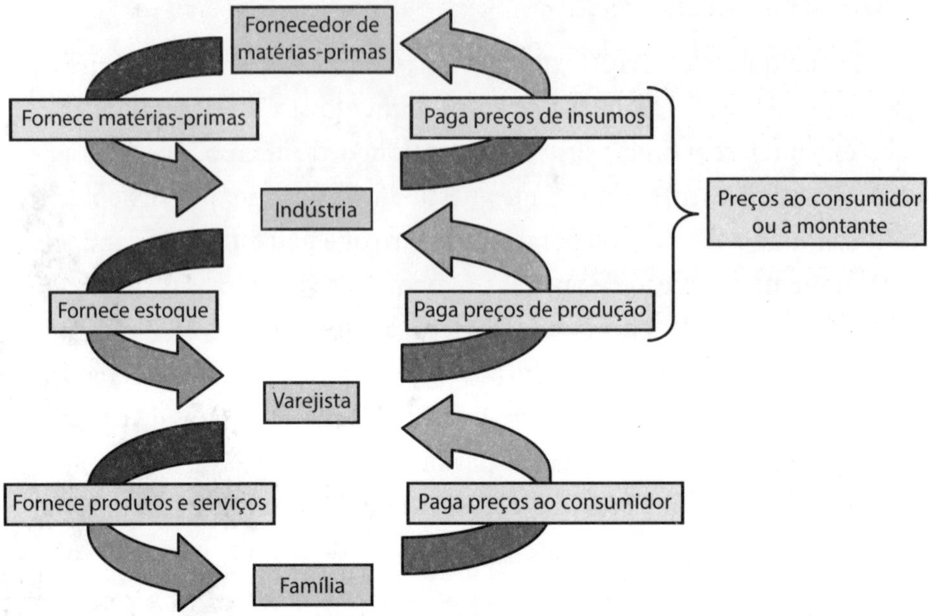

entre os preços de produção e de insumos nos mostra algo sobre a margem de lucro dos fabricantes, enquanto a diferença entre os preços ao consumidor e os preços de produção reflete a margem dos varejistas. No entanto, quando pensamos nos lucros das empresas, não devemos nos esquecer de levar em consideração outros custos, como os salários e custos indiretos de fabricação.

De forma geral, quando mencionarmos a inflação neste capítulo e nos seguintes, estaremos nos referindo à taxa de aumento de preços ao consumidor, exceto quando especificado. Mas que tipo de coisa está incluída nos preços ao consumidor?

Para calcular a inflação, o instituto de estatísticas envia seus pesquisadores pelo país, todo mês, para coletar os preços de uma "cesta" de produtos e serviços que visa representar o consumo típico de uma família. Essa cesta costuma ser composta de doze classes distintas: alimentação, bebidas alcóolicas e cigarros, vestuário, habitação, saúde, transportes, comunicação, recreação, educação, refeições fora de casa, hotéis e despesas diversas (esta última inclui o custo de serviços financeiros, como seguros, além de objetos pessoais como joias).

Embora as classes sejam em geral as mesmas, a importância de cada uma na cesta será diferente de acordo com o país e também irá mudar ao longo do tempo, refletindo a porção das despesas médias de uma família que se concentra nesses produtos e serviços em particular. Por exemplo, na zona do euro o preço de produtos e serviços recreativos corresponde a 10% da cesta total do IPC, enquanto no Reino Unido ele representa 15%. É claro que nem todas as famílias em qualquer dado mês irão comprar os mesmos produtos e serviços da cesta, pois ela reflete o consumo médio das famílias em um mês típico.

Importância relativa da cesta de compras: Reino Unido vs. Europa

	Reino Unido	Europa
Transportes	16,4%	15,3%
Recreação e cultura	15,0%	9,7%
Habitação	12,9%	15,4%
Hotéis e restaurantes	12,6%	9,3%
Alimentação	10,8%	15,3%
Diversos	9,7%	8,7%
Utensílios domésticos	6,4%	7,1%
Vestuário	5,6%	6,7%
Bebidas alcoólicas e cigarros	4,0%	3,8%
Comunicação	2,5%	3,3%
Saúde	2,2%	4,3%
Educação	1,9%	1,1%

Às vezes, quando os economistas examinam a inflação pelo IPC, eles eliminam alguns itens, criando uma média chamada de "núcleo" da inflação. Alimentação, bebidas alcóolicas, cigarros e combustíveis são geralmente removidos, seja porque esses itens costumam sofrer mudanças acentuadas ou porque são influenciados pelo governo. Os preços de alimentos, por exemplo, podem depender em grande parte do clima (muitas vezes instável). O preço dos combustíveis pode sofrer grandes reajustes com o custo variável do petróleo, enquanto os preços de combustíveis, assim como os de cigarros são afetados pela quantidade de impostos que o governo decide impor. Ao remover esses itens, geralmente podemos obter uma ideia melhor do quadro do núcleo da inflação na economia.

O gráfico abaixo compara a inflação global do IPC ao núcleo da inflação para o Reino Unido. O súbito aumento nos preços do petróleo entre 2008 e 2009 pode ser visto claramente, uma vez que a inflação global aumentou, mas o núcleo da inflação se manteve constante.

Inflação global e núcleo da inflação no Reino Unido

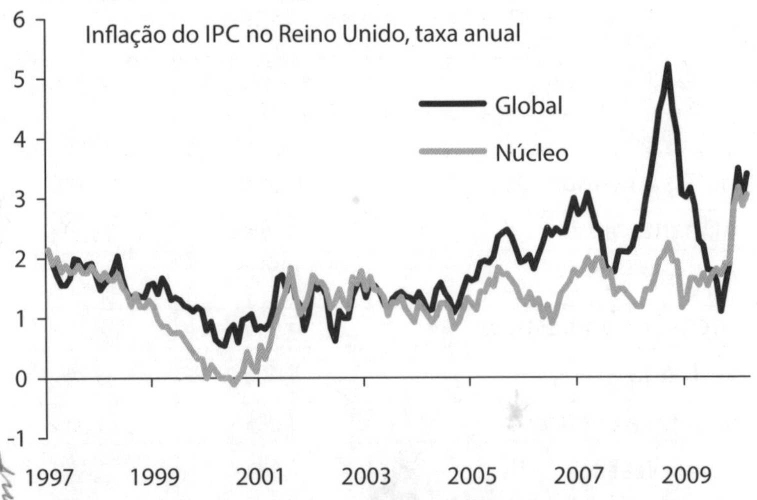

COMO OS PREÇOS SÃO DETERMINADOS

Considerando que a inflação é a taxa de reajuste do nível geral de preços, para explicar a inflação precisamos entender como os preços são determinados. Neste ponto, uma teoria econômica bem básica vai ajudar.

A lição mais importante da economia é que o preço de algo na economia depende da sua demanda em relação ao quanto ele é ofertado. Isso se aplica não apenas ao preço de produtos e serviços que compramos, mas também ao custo dos empréstimos que tomamos (taxa de juros) e os salários que as pessoas recebem em troca do seu trabalho.

Mas vamos nos concentrar por enquanto no nível geral de preços dos produtos e serviços. A quantidade de produtos e serviços em uma economia que as famílias gostariam de comprar (algo que chamamos de "demanda agregada") irá depender de uma série de coisas, incluindo a renda das pessoas, o custo dos empréstimos, quão confiantes as pessoas estão com o futuro e, talvez o mais importante, os preços pelos quais os produtos e serviços estão sendo vendidos.

Imagine que todas as influências da quantidade de produtos e serviços que desejamos se mantenha constante, com exceção dos preços. De que forma a nossa demanda se altera quando os preços sobem ou caem? Parece razoável pensar que iríamos querer comprar mais produtos e serviços quando eles estão mais baratos e menos quando estão mais caros. A relação inversa entre preço e quantidade demandada é mostrada pela linha descendente de "demanda agregada" no gráfico a seguir.

Como a oferta e a demanda interagem para determinar os preços

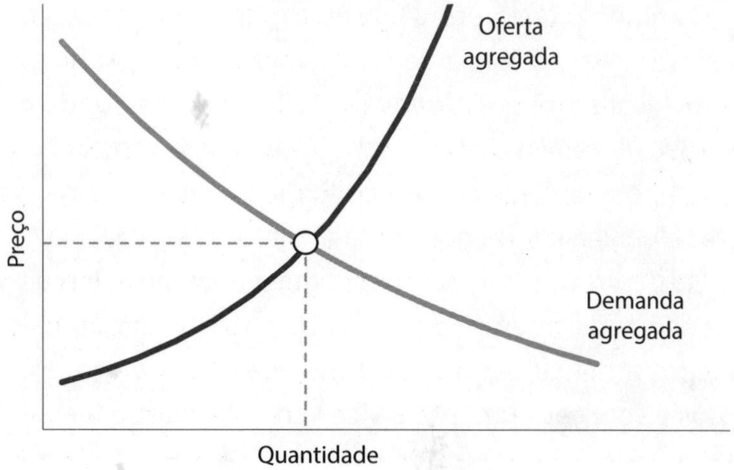

Agora vamos olhar para a oferta. Como a quantidade de produtos e serviços que os varejistas se dispõem a ofertar muda com o preço? Mais uma vez, vamos considerar que todos os outros fatores que influenciam sua decisão, com exceção dos preços, se mantenham constantes. Os varejistas provavelmente vão querer ofertar mais produtos e serviços se o preço subir e menos se ele cair. Essa relação é oposta à da demanda e é mostrada pela linha ascendente no gráfico (identificada como "oferta agregada").

O ponto no qual as curvas de demanda e oferta são as mesmas (onde as linhas cruzam no gráfico acima) mostra um tipo de equilíbrio. Nesse ponto, o preço determinado irá limpar o mercado. Nesse preço, a quantidade de produtos e serviços que as famílias demandam será exatamente a mesma que as empresas estão dispostas a ofertar.

Essa teoria simples ajuda a explicar as duas principais causas da inflação que os economistas distinguem: a inflação de demanda e a inflação de custos. Vamos examiná-las a seguir.

QUEM VOCÊ PRECISA CONHECER

Alfred Marshall

Os gráficos que você vê neste capítulo, ilustrando como a interação entre oferta e demanda leva à formação de preços, foram idealizados por Alfred Marshall no seu livro fundamental de 1890, *Princípios de Economia*. Essa análise resistiu ao teste do tempo e se conserva na economia básica ensinada nas escolas e universidades hoje em dia.

Ele descreveu as linhas nesses gráficos como as leis da oferta e demanda: as empresas estão dispostas a ofertar mais e as pessoas a demandar menos à medida que o preço dos produtos e serviços aumenta e vice versa. Associado a essas leis, havia algo que ele chamou de "elasticidade": o quanto a demanda e a oferta mudam em resposta ao reajuste no preço. Por exemplo, a demanda das famílias por alimentos tende a ser inelástica: ou seja, as pessoas não costumam reduzir consideravelmente a quantidade de comida que consomem quando os preços sobem. Afinal, ainda precisamos comer, qualquer que seja o preço. Por outro lado, a demanda por itens que podem ser considerados supérfluos, bolsas, por exemplo, podem sofrer quedas acentuadas quando os preços sobem (demandas ditas elásticas).

Marshall também tinha algo a dizer quanto às moedas. Ele argumentava que as taxas de juros entre dois países deveriam refletir os preços relativos dos produtos e serviços daqueles países. Ou seja, digamos que o preço de um iPod seja £ 150 no Reino Unido mas US$ 300 nos Estados Unidos. A taxa de câmbio flutuante, nesse caso, tenderia a US$ 2 para £ 1.

Mas, se há uma coisa pela qual Alfred Marshall será lembrado acima de tudo é a sua capacidade de enxergar a economia por meio de gráficos relativamente simples e ao mesmo tempo revolucionários. O fato de a economia ter se tornado uma disciplina acadêmica e científica formal é resultado direto do seu trabalho.

CAUSAS DA INFLAÇÃO: DEMANDA VERSUS CUSTOS

Sabemos agora como o nível geral de preços é determinado em uma economia. Mas o que faz com que esses preços de "equilíbrio" subam? Em outras palavras, o que causa a inflação?

Os economistas gostam de distinguir entre dois tipos de inflação, dependendo do que aciona o aumento dos preços: "demanda" ou "custos". A inflação de demanda, como o nome sugere, é resultado de um aumento da demanda por produtos e serviços. A inflação de custos ocorre quando as empresas sofrem aumento nos seus custos, que são então repassados para seus clientes na forma de preços mais altos. Vejamos esses dois tipos de inflação com mais detalhes.

1. Inflação de Demanda

Talvez a melhor maneira de descrever este tipo de inflação seja uma citação de Milton Friedman, o economista da escola monetarista, que disse que a inflação é causada por "dinheiro demais para produtos de menos".

Para ficar claro, imagine que todos os moradores de um país ou tenham mais dinheiro (talvez devido a um aumento salarial) ou simplesmente queiram gastar uma fatia maior da sua renda atual (ou seja, economizando menos). Isso pode acontecer por uma série de razões: maiores salários podem acontecer devido a um corte de impostos (o que aumenta a renda disponível da população), enquanto o aumento no consumo pode acontecer devido a um aumento da confiança no futuro (estimulando as pessoas a pouparem menos, talvez porque tenham menos receio de ficarem desempregadas).

Independente do preço, as pessoas agora querem comprar mais produtos e serviços do que antes, pois as circunstâncias melhoraram. Ou seja, toda a curva de demanda do gráfico na página 39 irá se mover para a direita, como mostrado no gráfico a seguir.

Agora, se as empresas sabem que há mais demanda por seus produtos, logicamente elas irão querer aumentar o preço.

Se elas não aumentarem os preços, as famílias irão querer comprar muito mais em relação ao que as empresas estão dispostas a ofertar. No fim, as famílias irão comprar mais das empresas a preços mais altos, como o gráfico anterior mostra. Esse novo equilíbrio é o único ponto no

Inflação de demanda

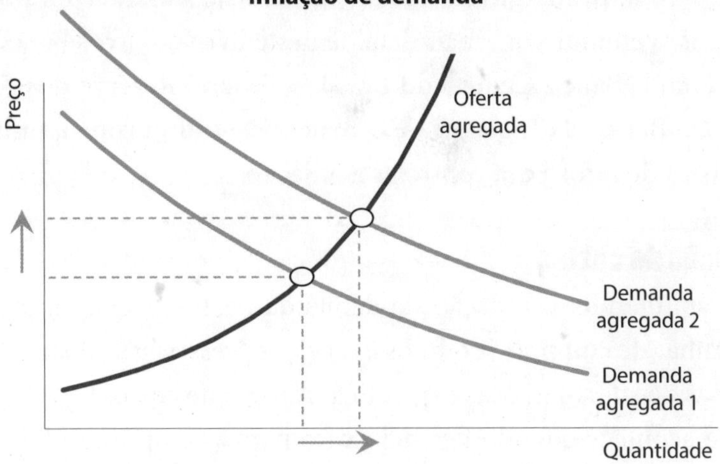

qual tanto as empresas quanto as famílias estão simultaneamente felizes com a quantidade (e o preço) do que estão vendendo/comprando.

A inflação de demanda é o tipo de inflação que acontece quando estamos na fase de expansão do ciclo econômico, e a produção estará operando acima da sua tendência ou nível potencial. Lembre que vimos isso no primeiro capítulo, quando temos um hiato positivo do produto (ponto Y no gráfico da página 21). Deve estar claro agora por que descrevemos essa diferença entre a produção e o seu nível de tendência como sendo um hiato inflacionário ou deflacionário, pois a força ou fraqueza da economia pode fazer com que os preços subam ou caiam.

Como a demanda por produtos e serviços se torna cada vez maior, deve ficar cada vez mais difícil para as empresas expandirem sua capacidade para suprir essa demanda. Essa é a razão pela qual a linha de oferta no gráfico acima se torna mais inclinada no topo: nesse ponto, um aumento da demanda resultaria em um aumento maior nos preços do que na quantidade vendida.

A forma como as autoridades costumam lidar com o problema do aumento da inflação causada pelo excesso de demanda é aumentando a taxa básica de juros, que estimula a poupança e desestimula o endividamento. Isso por sua vez reduz o desejo das famílias de gastar dinheiro, e o das empresas de investirem, assim limitando a demanda por produtos e serviços. Veremos com mais detalhe neste livro como os bancos centrais, como o Banco Central do Brasil, o Federal Reserve dos Estados Unidos, o Banco da Inglaterra e o Banco Central Europeu, utilizam a taxa básica de juros para controlar a inflação.

2. Inflação de custos

Recapitulando, a inflação de demanda acontece quando o desejo das famílias de comprar produtos e serviços pressiona a capacidade das empresas de supri-las. Mas e quanto à inflação de custos?

Esta acontece quando fica mais caro para as empresas ofertar produtos e serviços. Vamos pensar nas formas pelas quais isso pode ocorrer retomando o exemplo do fabricante de bolsas do primeiro capítulo. Uma matéria-prima importante que nosso fabricante precisa para produzir as bolsas é o couro. Imagine agora que o preço do couro no mercado mundial de commodities aumente.

Outra maneira pela qual os custos podem aumentar é com uma queda no valor da moeda. Neste caso, mesmo se o preço do couro em (digamos) dólares americanos no mercado mundial de commodities permanecer o mesmo, como a moeda doméstica não pode mais comprar tantos dólares quanto antes, o custo de importação ficará mais alto.

Por qualquer que seja a razão, na terminologia econômica os preços dos insumos terão aumentado (vide diagrama da página 36). Para compensar esse aumento e manter a margem de lucro, o produtor irá aumentar o preço pelo qual vende o produto final (a bolsa) para os varejistas: o preço de produção. O varejista, por sua vez, irá tentar repassar o reajuste para o consumidor final (aumentando os preços ao consumidor).

Dois dos períodos mais importantes de inflação de custos ocorreram na década de 70 e foram causados pela interrupção da oferta global de petróleo. Em 1973/74 e 1978/79, o preço do petróleo disparou, aumentando os custos ao produtor e causando forte inflação, principalmente nas economias com alta dependência do petróleo. No Reino Unido, por exemplo, a inflação atingiu o pico de 24% em 1975, e, após uma curta trégua, subiu novamente para 18% em 1980.

Como podemos mostrar nossa inflação de custos na curva de demanda/oferta? Desta vez será a curva da oferta (em vez da demanda) que irá se mover. Devido ao aumento dos custos, as empresas agora procurarão ofertar produtos e serviços a preços mais altos, pois se não o fizerem reduzirão sua margem de lucro. Isso quer dizer que a curva da oferta irá se mover para a esquerda, como mostrado no gráfico a seguir.

Neste caso, o resultado é que os preços sobem (ou seja, temos inflação), mas a atividade cai: as pessoas irão querer comprar menos porque os preços subiram. Em um caso extremo, o que pode acontecer é que os custos maiores, que são repassados através da economia dos produtores para os varejistas e depois para os consumidores, causem um efeito chamado "estagflação". Ela é a combinação de estagnação (ou uma queda ainda maior) na atividade, mas ao mesmo tempo com alta inflação. Os problemas com o preço do petróleo na década de 70 foram exemplos disso: o aumento acentuado na inflação provou ser um enorme freio na atividade econômica.

Inflação de custos

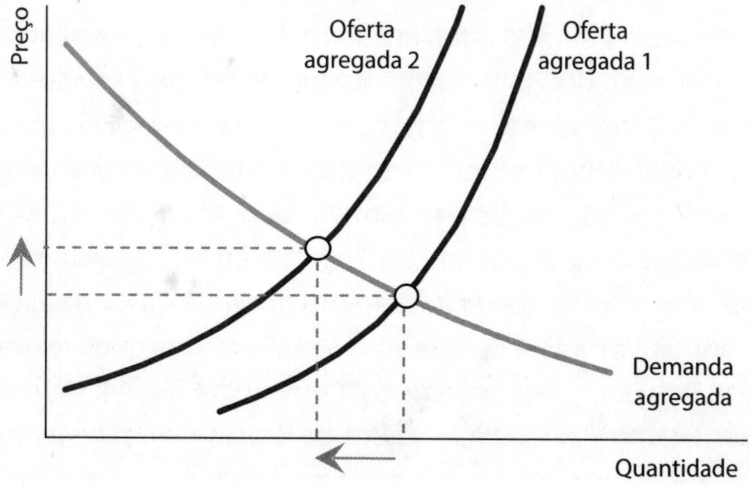

Na verdade, pode ser difícil distinguir entre a inflação de demanda e a inflação de custos, uma vez que o aumento de demanda pode gerar um aumento nos preços das commodities e nos salários (que são custos das empresas). Os dois tipos de inflação, no entanto, podem acontecer simultaneamente (e com frequência acontecem).

QUEM VOCÊ PRECISA CONHECER

Milton Friedman

Milton Friedman foi um economista da escola monetarista, que defendia o livre mercado argumentando (contra Keynes) que a intervenção do Estado na economia era inapropriada. Nas décadas de 50 e 60, quando empreendeu seu trabalho mais importante, pelo qual mais tarde iria ganhar um Prêmio Nobel de Economia, essa era uma conclusão oposta à abordagem intervencionista dos governos ao redor do mundo.

Seu primeiro trabalho importante investigou o consumo doméstico. Enquanto Keynes argumentava que o consumo das famílias iria depender da sua renda presente, Friedman acreditava que era o salário esperado ao longo da vida (ou "permanente") que seria mais importante. Isso lhe deu uma base para argumentar contra a intervenção do Estado: corte de impostos, por exemplo, seria visto pelas pessoas como temporário, fazendo com que elas não gastassem uma parcela tão alta da sua renda disponível (em vez disso iriam economizar, o que ajudaria muito pouco para estimular a atividade econômica).

No início da década de 60, Friedman mudou sua atenção para a oferta de moeda. Ele era um firme defensor da Teoria Quantitativa da Moeda, que afirma que a moeda pode ter uma forte influência nos preços. Os primeiros anos de Margaret Thatcher no Reino Unido foram baseados nos trabalhos de

Friedman: ao Banco da Inglaterra foi dada a tarefa de estipular metas para a oferta de moeda, e isso era visto como chave para controlar a inflação. Na ocasião, não apenas era difícil atingir as metas monetárias estabelecidas pelo governo, mas a política foi de encontro ao aviso de Friedman de que o efeito da moeda na inflação estaria sujeito a atrasos longos e variados.

No fim da década de 60, Friedman propôs uma teoria pela qual talvez seja mais conhecido. Ele argumentou que todas as economias têm uma taxa de desemprego estrutural (ou natural) e que, se o governo tentasse intervir para reduzir a taxa abaixo desse nível, ele iria simplesmente gerar inflação e não haveria melhora no desemprego ou na atividade econômica. No período de estagflação da década de 70, a economia fraca combinada à alta inflação provou que ele estava certo.

A IMPORTÂNCIA DA INFLAÇÃO

Até agora nós explicamos o que é a inflação e examinamos as duas maneiras pelas quais ela pode ser gerada: pelo aumento de demanda e de custos. Mas por que os economistas se preocupam tanto com a inflação? A resposta é que a inflação alta e imprevisível pode ser ruim para a economia.

QUEM DISSE

"A inflação é tão violenta quanto um assaltante, tão assustadora quanto um ladrão armado e tão mortal quanto um assassino."

Ronald Reagan

Os problemas e efeitos colaterais mais graves associados à inflação são os seguintes:

- ***É ruim para os poupadores.*** Imagine que você tenha aplicado seu dinheiro em um banco por cinco anos a uma taxa fixa de 3% ao ano. Enquanto os preços subirem a uma taxa menor, você será capaz de comprar mais produtos e serviços com esse dinheiro quando resgatá-lo. Mas e se houver um surto inesperado de inflação, com os preços subindo mais do que os juros que você está recebendo? Ao final do seu investimento, seu dinheiro compraria menos do que quando começou. Não são apenas os poupadores quem perdem, mas todas as pessoas que recebem a renda fixa. Pensionistas, por exemplo, podem levar prejuízo se suas pensões não aumentarem pelo menos tão rapidamente quanto a taxa de inflação. A inflação, portanto, causa uma perda do poder de compra e uma redução dos padrões de vida de algumas pessoas e pode desestimular a poupança.
- ***É boa para os devedores.*** Ao mesmo tempo que é ruim para os poupadores, um período de inflação pode ser bom para os devedores. Inflação acima do esperado significa que o banco que empresta dinheiro pode ter definido a taxa de juros do empréstimo baixa demais para cobrir a alta do custo de vida. O credor, dessa forma, se beneficia com o pagamento de juros mais baixos do que o banco teria definido se soubesse que a inflação seria tão alta. Note que é apenas a inflação inesperada que irá causar esses problemas, pois se fosse esperada o banco já teria incluído essa previsão na taxa de juros.
- ***Pode aumentar a taxa básica de juros.*** Principalmente quando a inflação é causada pelo aumento do consumo, as autoridades podem aumentar a taxa de juros para esfriar a demanda na economia. Mas isso gera o risco de causar uma queda muito acentuada da atividade econômica ou mesmo uma recessão.
- ***Podem influenciar o momento da compra.*** Se os preços estão caindo, você pode ficar tentado a esperar um pouco mais antes de

comprar aquela TV de alta definição em que você estava de olho. Mas, se os preços estiverem aumentando rapidamente, você pode querer adiantar as compras antes que os preços subam demais.

- ***É ruim para os investimentos.*** As empresas gostam de segurança ao planejarem seus empreendimentos. Se estão incertas de quanto será a inflação, elas podem demandar um retorno maior para seus investimentos para compensar a possibilidade de seus custos terem um aumento mais acentuado. Aumentando-se os obstáculos, é provável que haja menos investimentos. Outra maneira pela qual a inflação é ruim para os investimentos é que, como vimos antes, ela desestimula a poupança na economia. E, se os bancos receberem menos recursos dos poupadores, não poderão emprestar tanto para as empresas investirem. Ao contrário, em vez de poupar em um banco, a alta inflação pode estimular as pessoas a colocar seu dinheiro em ativos como ouro ou imóveis, que são menos produtivos do que empréstimos para investimentos.
- ***Ela causa o custo de "sola de sapato".*** Quando a inflação é alta, ela estimula as pessoas a pesquisarem os melhores preços, uma vez que pode haver diferenças consideráveis entre os varejistas. O custo de sola de sapato se refere ao aumento do custo dessa busca em termos de tempo e esforço (literalmente, ela gasta a sola dos seus sapatos!).
- ***Aumentam os "custos de remarcação".*** Inflação alta significa que as empresas terão que alterar com mais frequência os preços de produtos e serviços, o que pode ser custoso. Pense em um restaurante que precisa constantemente reimprimir os cardápios por causa das rápidas mudanças nos preços. A tecnologia ajudou a reduzir esses custos (varejistas online, por exemplo, podem mudar seus preços ao toque de um botão), mas os varejistas dos grandes centros urbanos terão que incorrer no custo de mudar os preços das prateleiras com mais frequência se a inflação for maior.
- ***Pode gerar a espiral de salários e preços.*** Um problema com o aumento de preços é que estimulam os empregados a negociar

maiores salários para compensar. Mas, como aprendemos quando vimos as inflações de demanda e de custos, se os salários forem maiores, isso pode acarretar um aumento nos preços. Os trabalhadores, por sua vez, irão pedir maiores salários, e a espiral ascendente continua. Além do mais, se o aumento dos salários for maior do que o dos limites fiscais, os trabalhadores eventualmente passariam para outra categoria de tributação por causa dessa espiral, causando um "arrasto" na arrecadação.

- ***É ruim para a concorrência de mercado.*** Se os preços sobem e não são seguidos por uma desvalorização da moeda, o preço dos produtos e serviços desse país ficará menos competitivo para os importadores no exterior, que irão demandar menos produtos e serviços daquele país.

Como consequência desses custos, nos últimos vinte anos os bancos centrais vêm focando sua atenção nas metas de inflação, tentando mantê-la estável e a um nível abaixo do limite definido com o objetivo de proporcionar um ambiente favorável a um forte crescimento econômico.

Então, o que queremos é uma taxa de inflação baixa, estável e previsível. Mas a história nos mostrou que nem sempre isso é fácil de alcançar. Agora vamos nos voltar para dois extremos: primeiro, quando os preços caem em vez de subir (deflação). E segundo, o extremo oposto: quando os preços sobem a uma taxa excessivamente alta (hiperinflação).

Extremo 1: Deflação

Vamos começar com a deflação. Deflação é exatamente o oposto da inflação: é quando vemos uma queda continuada no nível geral de preços, ou seja, quando a taxa de inflação cai abaixo de zero. É importante distingui-la da desinflação, que é quando a taxa de inflação (e não o nível de preços) está em queda.

Da mesma forma que a inflação pode ser causada por um aumento da demanda por produtos e serviços, a deflação costuma ser causada por uma demanda mais fraca. No gráfico da página 43, a demanda mais baixa pode ser demonstrada movendo a demanda para a esquerda: imagine começando com a Demanda Agregada 2 e movendo para a Demanda Agregada 1. Neste caso, a demanda menor faz cair tanto os preços quanto a quantidade de produtos e serviços demandada. Isso é a inflação de demanda invertida.

Não é apenas a demanda menor que pode causar deflação. Imagine que todos os fornecedores agora pudessem produzir a um custo mais baixo; talvez, por exemplo, devido a alguma inovação tecnológica. Eles então poderiam fornecer esses produtos e serviços aos varejistas a um preço mais baixo, que por sua vez poderiam repassar a economia às famílias. Isso é a inflação de custos invertida. No gráfico da página 45 podemos demonstrar isso começando com a Oferta Agregada 2 e movendo para a Oferta Agregada 1. Isso é um tipo muito melhor de deflação do que a causada por uma diminuição de demanda, pois ela tende a aumentar a atividade econômica e não causa necessariamente os problemas provocados pela deflação gerada pela baixa demanda.

Então, o que há de tão ruim na deflação causada pela demanda? Bem, uma vez que a deflação começa, pode ser excepcionalmente difícil para um país se livrar dela. Digamos que uma queda inicial na demanda por produtos e serviços cause uma queda nos preços. As pessoas então esperam que os preços continuem caindo no futuro, o que acaba fazendo com que adiem suas compras. Afinal, daqui a um ano o preço pode estar mais baixo, assim poderiam comprar mais com o seu dinheiro. Mas, ao adiar as compras, elas estão causando uma redução ainda maior na demanda, o que leva a um desemprego maior, menos renda e uma queda ainda maior nos preços, perpetuando a espiral descendente. Essa armadilha da deflação é demonstrada no diagrama da próxima página. A deflação também pode fazer com que as empresas invistam menos e contratem menos gente (da mesma forma que fariam em um ambiente de alta inflação) porque os baixos preços significam menos lucro, o que reduz o incentivo à produção.

A espiral deflacionária

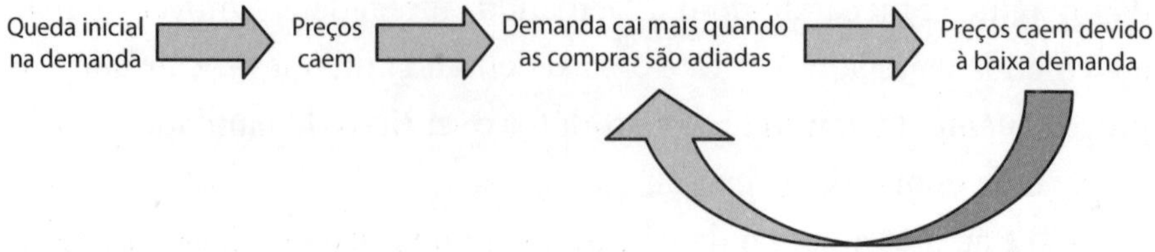

A deflação pode ser ainda pior quando os níveis de endividamento em uma economia são altos. Assim como a alta inflação ajuda os devedores, eles saem perdendo em períodos de deflação. Com a deflação, os preços e os salários caem, tornando mais difícil para as famílias manter em dia suas dívidas (cujo valor, obviamente, não irá cair). Ou seja, a deflação causa um aumento real (corrigido pela inflação) das dívidas.

Isso estimula as pessoas a pagarem suas dívidas, mas para fazer isso elas precisam vender os bens para os quais os empréstimos foram feitos (casas, por exemplo). Porém a venda de bens faz com que seus preços caiam, a economia fique mais fraca, o que por sua vez faz com que o nível geral de preços caia ainda mais, dando continuidade ao ciclo. Essa teoria da "dívida-deflação" foi originalmente proposta pelo economista americano Irving Fisher durante a Grande Depressão do início da década de 30.

Os dois casos que vêm à mente quando pensamos em deflação são o Japão nos últimos vinte anos e os EUA durante a Grande Depressão dos anos 30. No Japão, a deflação começou no início da década de 90 após o colapso das bolhas do mercado imobiliário e do mercado de ações que haviam crescido na década anterior. Empréstimos que haviam sido feito pelos bancos nos tempos de prosperidade começaram a azedar, causando uma crise financeira quando os devedores não puderam mais honrar suas dívidas. Os bancos ficaram menos dispostos a (ou incapazes de) emprestar dinheiro, fazendo com que a economia enfraquecesse e os preços caíssem, gerando uma contínua espiral deflacionária.

No início da década de 30, durante o período da acentuada queda na atividade econômica, os EUA sofreram com uma fase em que os preços caíam a uma taxa de 10% ao ano. Assim como no Japão, a Grande Depressão foi precedida de um forte aumento nos preços das ações na década de 20, cujo colapso levou ao esgotamento do crédito. A situação ficou ainda pior graças ao Federal Reserve (o banco central americano), que inicialmente nada fez para impedir o recuo da oferta de moeda. As políticas do "New Deal" do presidente Roosevelt anunciadas em 1933 finalmente ajudaram a economia americana a sair da recessão e da deflação.

Uma das razões pelas quais os bancos centrais tentam manter a inflação a uma taxa positiva, mas baixa, é que, se buscassem uma inflação zero, o risco de os preços caírem e se instalar um ciclo deflacionário seria muito alto.

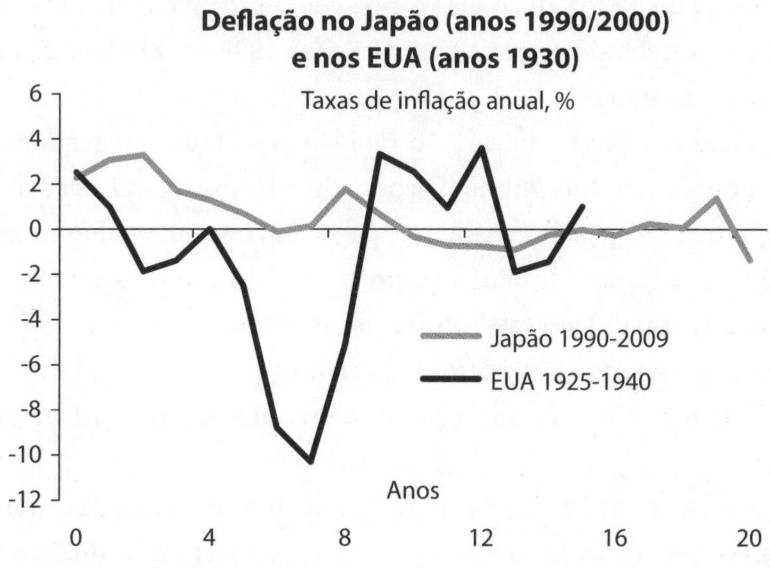

Extremo 2: Hiperinflação

O extremo oposto da deflação é a hiperinflação. Não há um consenso sobre a definição de qual nível de inflação constitui uma hiperinflação, mas alguns a classificaram como sendo quando a inflação se aproxima de 50% ao mês (você sabe que a inflação está fora de controle quando começa a falar em taxas mensais em vez de anuais!). De forma geral, no entanto, é quando a inflação é tão alta que se torna completamente incontrolável e leva a um declínio extremamente rápido do valor da moeda.

No passado, a maioria das hiperinflações mais sérias foi gerada quando os bancos centrais imprimiram moeda demais para pagar as dívidas do governo, geralmente como resultado de uma guerra. A hiperinflação pode ser vista como uma versão particularmente extrema da inflação de demanda que vimos anteriormente. Na Alemanha, por exemplo, entre 1922 e 1923, a inflação crescia a uma taxa média de 300% ao mês (com os preços dobrando a cada três semanas), enquanto na Hungria, após a Segunda Guerra Mundial, a inflação cresceu a uma taxa média de assombrosos 20.000% ao mês entre 1945 e 1946 (os preços dobravam a cada cinco dias e, no auge, a cada meio dia). Os exemplos mais recentes incluem a Iugoslávia em 1994 e o Zimbábue no fim da década passada.

Quando os preços sobem tão rapidamente, todo o sistema monetário desmorona. Nos últimos casos de hiperinflação, os trabalhadores tinham que ser pagos diariamente, pagos em enormes volumes de cédulas (tão absurdos, de fato, que, em vez de carregar o pagamento diário na carteira, tinham que recorrer a carrinhos de mão!). A confiança na moeda evapora, e as pessoas querem se livrar dela o mais rápido possível antes que seu valor caia, causando dessa forma um acúmulo de bens.

As soluções da hiperinflação variam de usar uma moeda estrangeira como meio de troca a reformar por completo a moeda atual do país. Mas, para se ter qualquer chance de sucesso, essas políticas precisam existir em conjunto com um corte drástico do endividamento do governo, e o banco central precisa manter um controle muito mais rigoroso da oferta de moeda.

Felizmente, os governos e os bancos centrais ao redor do mundo aprenderam as lições do excesso de impressão de papel moeda. Enquanto as autoridades ainda criam dinheiro adicional durante os tempos de baixa atividade (o chamado "quantitative easing", ou "afrouxamento quantitativo", que vamos aprofundar no capítulo sobre bancos centrais), essas políticas são geralmente projetadas para sustentar a demanda e evitar que a inflação caia demais, em vez de utilizá-la de maneira irresponsável para financiar a dívida pública.

Cédula de 500 bilhões de dinares iugoslavos

QUEM DISSE

"Por meio de um processo contínuo de inflação, o governo pode confiscar, secretamente e anonimamente, uma fatia considerável da riqueza dos seus cidadãos."

John Maynard Keynes

EXPECTATIVAS

As expectativas de inflação podem desempenhar um papel importante na tomada de decisões na economia. Para entender por que, considere alguns dos custos da inflação que vimos anteriormente. O custo da inflação para os poupadores, por exemplo, é mais alto quando a taxa de juros fixa que eles recebem não leva em consideração a expectativa de inflação no futuro. As empresas que planejam investir podem não fazê-lo se não tiverem uma boa estimativa sobre como estará a inflação no futuro. As pessoas podem adiar ou adiantar suas compras de produtos e serviços dependendo do que elas pensam que vai acontecer com os preços. E os trabalhadores podem querer negociar salários mais altos se eles acreditam que os preços irão subir mais rapidamente, sob o risco de criar uma espiral de salários e preços (pela qual maiores expectativas de inflação se tornam uma profecia que se autoconcretiza).

Como se pode ver, as expectativas de inflação podem ter um efeito considerável não apenas na atividade econômica, mas também na inflação futura. Um banco central que pode manter a sua expectativa de inflação "ancorada" (no jargão econômico) tem chances muito maiores de manter baixa também a inflação propriamente dita. A maneira pela qual os bancos centrais podem alcançar isso é sendo confiáveis, provando que eles podem honrar o compromisso de definir as taxas de juros de forma a manter a inflação baixa e estável. Na linguagem dos economistas, o Banco Central deve ter "credibilidade".

Como as pessoas formam sua expectativa de inflação futura? Há duas principais teorias: a expectativa "adaptativa" e "racional". Expectativas adaptativas significam que as pessoas baseiam sua visão de inflação futura no que ela foi no passado (um exemplo disso pode ser o entendimento de que, se a inflação é alta agora, ela pode permanecer assim no futuro). Expectativa racional, por outro lado, é quando os indivíduos pensam nos fatores que podem influenciar a inflação no futuro e fazem seu julgamento baseados neles. Como em muitas coisas na economia, o mais provável é que as pessoas façam uma combinação dos dois.

Se pudermos prever a inflação futura com alguma segurança, devemos nos basear no que estamos fazendo hoje, o que garante que possamos tomar decisões mais fundamentadas e reduzir os custos nos quais podemos incorrer por causa da inflação. Um banco central confiável pode ajudar bastante nisso.

UMA HISTÓRIA DA INFLAÇÃO

Felizmente, dispomos de números de inflação de longa data, desde o século 11 no Reino Unido, por exemplo. Embora a inflação agora seja baseada numa amostragem de preços em uma típica cesta de compras, alguns séculos atrás a coleta de dados estatísticos não era tão avançada, por isso precisamos avaliar a taxa de inflação naquele tempo examinando o preço dos grãos.

A inflação nos EUA e no Reino Unido e em vários outros países desenvolvidos (sendo a Alemanha na década de 20 uma exceção digna de nota) estava adormecida antes da década de 70, quando a estagflação

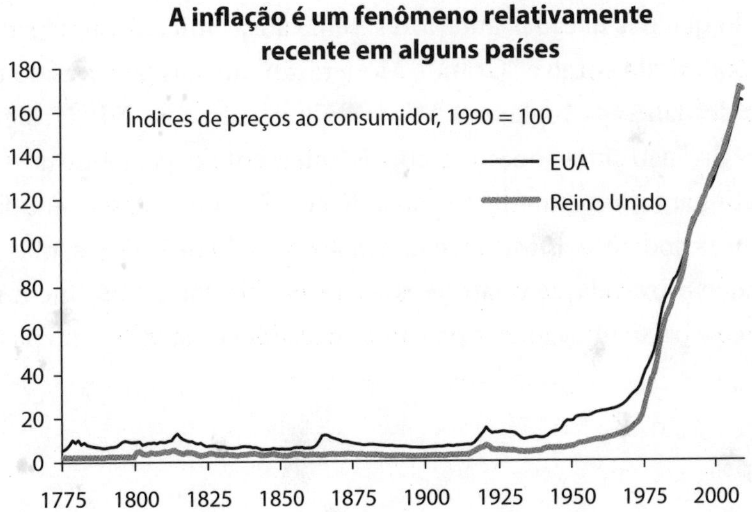

resolveu dar as caras (como demonstra o gráfico anterior). Os governos aprenderam algumas das lições desse episódio e, desde o início da década de 90, a inflação em geral foi mantida sob um controle muito mais rígido.

Há uma série de razões para a inflação ter tido melhor performance nos últimos anos, incluindo:

- a tendência a adotar as metas de inflação, iniciada pelo banco central da Nova Zelândia em 1990, o que ajudou a reduzir as expectativas de inflação.
- o aumento da concorrência trazida pela globalização; lembre-se, quanto maior a oferta do que quer que seja (neste caso, bens, serviços e vagas de emprego estrangeiras), menor será seu preço;
- a redução dos custos por causa da revolução tecnológica e da consequente disparada de produtividade (principalmente com a chegada da internet no início da década de 90); e
- no Reino Unido, a força da moeda da metade da década de 90 até mais ou menos o início da contração do crédito, que reduziu o custo das importações.

De fato, devido a esses fatores, a economia foi capaz de se sair melhor do que nas décadas anteriores, sem causar inflação; uma situação que foi descrita como a "Grande Moderação" ou, nas palavras do presidente do Banco da Inglaterra Mervyn King, a década "NICE", sigla em inglês de "não inflacionária e consistentemente expansionista" (Non-Inflationary Consistently Expansionary). Algumas dessas mudanças benéficas podem se mostrar mais duradouras do que outras, mas parece pouco provável que vejamos essa alternância entre crescimento econômico e baixa inflação nas próximas décadas como vimos no passado.

A "Grande Moderação" ou década "NICE" no Reino Unido

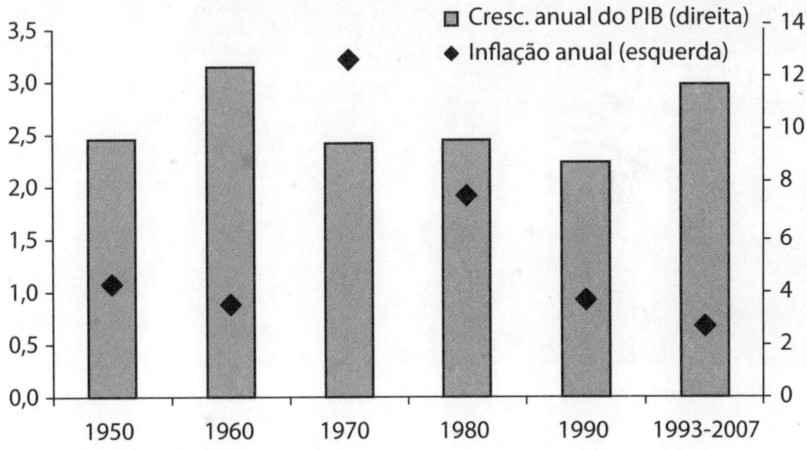

LEMBRE-SE DISTO

O preço de qualquer item é determinado pela oferta e demanda, e mudanças em qualquer uma delas podem causar inflação. Uma inflação baixa e estável é algo desejável, e devemos temer seus extremos: de um lado, deflação; do outro, hiperinflação.

CAPÍTULO 3

EMPREGO

DO QUE SE TRATA

- Como o mercado de trabalho funciona e a medição do emprego/desemprego
- Como o nível de empregos e os salários são determinados
- Os diferentes tipos de desemprego e por que existem
- Como o quadro de desemprego muda com a atividade econômica
- A ligação entre desemprego e inflação
- Mudanças recentes na estrutura do mercado de trabalho

INTRODUÇÃO

Junto com o crescimento econômico e a inflação, o número de pessoas empregadas ou desempregadas na economia está entre os indicadores econômicos mais importantes. É comum escutar retórica de partidos políticos, argumentando como a situação do desemprego mudou durante governos atuais ou anteriores. A forma como o número de empregados nos EUA muda de um mês para outro é provavelmente a notícia econômica mais importante que influencia os mercados financeiros pelo mundo.

A razão pela qual o emprego (e consequentemente a falta dele) é tão importante é que ele tem relação direta com a vida das pessoas e o bem-estar da sociedade como um todo. O número de pessoas empregadas determina o total de renda que as pessoas levam para casa. Vamos nos lembrar do fluxo circular de renda do capítulo 1, no qual as famílias utilizam sua renda para consumir produtos e serviços. Quando o desemprego aumenta, a renda cai, o consumo é menor e as empresas são forçadas a demitir mais funcionários devido à queda de produção. Não é difícil ver como pode ser criada a espiral descendente entre atividade econômica e emprego.

Vamos começar examinando algumas definições básicas. Na maioria dos países, a população "economicamente ativa" consiste em qualquer pessoa maior de 16 anos e antes da idade de se aposentar. A grande maioria dessas pessoas estará empregada, seja em tempo integral, parcial, em trabalho temporário ou autônomo. Mas algumas estarão desempregadas e procurando emprego. São elas que compõem o nível de desemprego. Juntos, os empregados e desempregados são o que chamamos de "ativos" no mercado de trabalho, pois estão ou trabalhando ou procurando emprego. Você verá também o número de pessoas ativas designadas como "força de trabalho" ou o nível de "participação".

Mas algumas pessoas dentro dessa faixa etária não estão nem empregadas nem procurando emprego. Por alguma razão, elas não estão interessadas em (ou possibilitadas de) trabalhar. Referimo-nos a essas pessoas como "inativas". Há uma série de razões pelas quais alguém pode estar inativo: são estudantes, pessoas que optaram por cuidar de casa em vez de trabalhar, doentes, que entraram em aposentadoria antecipada ou que estão desmotivadas: não procuram emprego porque acreditam que não há vagas disponíveis.

O gráfico na página ao lado mostra como tudo isso se encaixa. Mas como vamos enumerar cada uma dessas categorias?

MEDINDO EMPREGOS E DESEMPREGOS

Podemos examinar o emprego e o desemprego tanto em termos absolutos quanto em termos de taxa. Por exemplo, seguindo a recessão de 2008-2009, o nível de emprego no Reino Unido havia caído para menos de 27,5 milhões de pessoas, o que equivalia a 72% da população economicamente ativa.

Da mesma forma, o número de pessoas desempregadas subiu para 2,4 milhões ou 8% da população economicamente ativa.

Na maioria dos países, esses números são divulgados mensalmente pelos institutos de estatística. Eles costumam ser medidos por meio de pesquisas por domicílio, que perguntam sobre a situação atual das famílias. A Organização Internacional do Trabalho (OIT), agência ligada à Organização das Nações Unidas, estabelece os parâmetros do que exatamente se classifica como empregado e desempregado, tornando mais fácil compararmos os números entre países. Por exemplo, com base nessas definições, uma pessoa é classificada como desempregada se esteve procurando trabalho nas últimas quatro semanas e se está disponível para iniciar em um emprego dentro de duas semanas.

E, para complicar ainda mais, há outra maneira pela qual os países podem estimar o nível de emprego: por meio de uma pesquisa por empresas em vez de domicílios. Pesquisas por empresas nos dizem o

Como o mercado de trabalho funciona

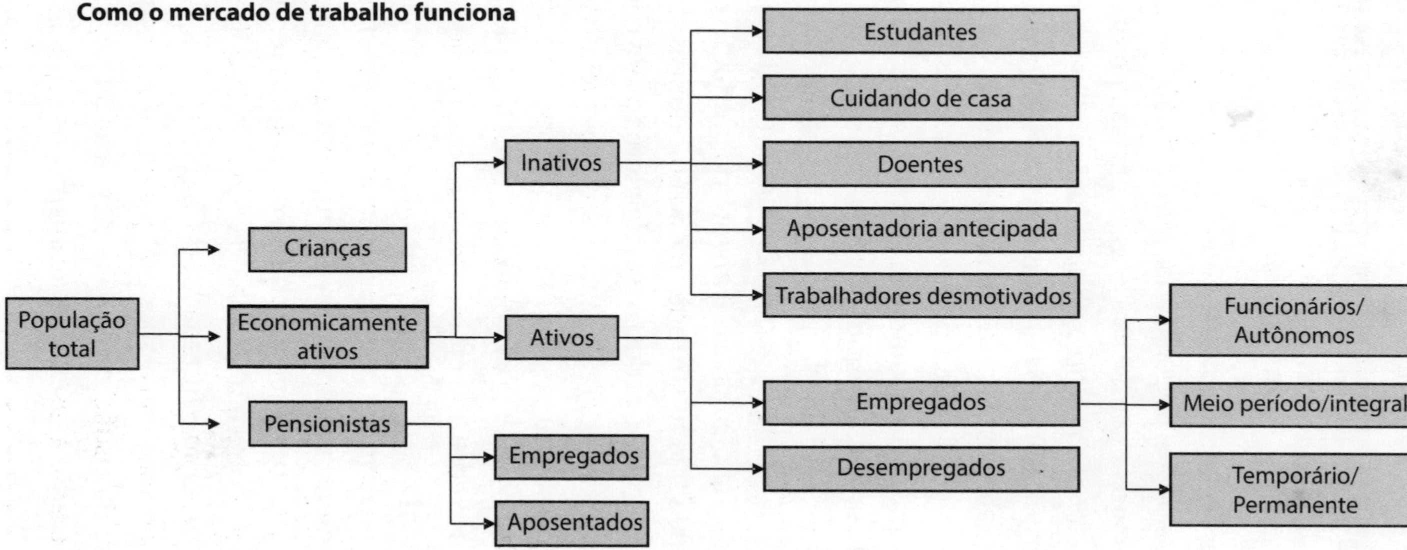

QUEM VOCÊ PRECISA CONHECER

Thomas Malthus

Thomas Malthus provavelmente é mais conhecido por suas ideias sobre o nível populacional, mas também escreveu sobre o desemprego, o comércio e o assistencialismo do Estado. O seu *Ensaio sobre o princípio da população* (1798) foi escrito como uma argumentação contra quem acreditava que o governo deveria fornecer ajuda à classe trabalhadora.

Ele argumentou que a população, se não fosse controlada, iria se expandir com o tempo, mas que a produção de alimentos iria crescer em um ritmo estável. A razão pela qual a produção de alimentos não iria crescer rapidamente era haver uma quantidade limitada de terra e as mais produtivas já estarem sendo cultivadas. Ou seja, o aumento da produção de alimentos teria que ser feito em terras menos produtivas.

Embora tenha sugerido o uso de métodos de controle populacional, ele também disse que isso provavelmente não seria suficiente para prevenir a fome, a qual seria, de uma maneira ou outra, uma forma de controlar a população. Malthus afirmou que, ao redistribuir renda aos pobres, o governo poderia estar tornando as coisas piores, estimulando um aumento do número de nascimentos e ocasionando um aumento nos preços dos alimentos por meio de um aumento de demanda. Não é de se surpreender que o trabalho de Malthus tenha rendido à ciência econômica a alcunha de "Ciência Lúgubre" (Dismal Science), cortesia do historiador do século 19 Thomas Carlyle.

Sua visão sobre recessões era que elas eram causadas por uma demanda insuficiente que se seguia ao aquecimento econômico. Durante a fase de aquecimento, os capitalistas teriam experimentado um aumento de lucros, que não seriam reinvestidos rápido o suficiente, e talvez não o quisessem fazer, devido à escassez de mão de obra e ao consequente aumento dos salários. A solução de Malthus para esse problema era direta: redistribuir a renda dos capitalistas aos donos de terras, que eram considerados mais propensos a gastá-la.

QUEM DISSE

A Economia é extremamente útil como uma forma de dar emprego aos economistas.
John Kenneth Galbraith

número de empregos, e não o número de pessoas empregadas. Os dois podem diferir no tocante a que algumas pessoas têm mais de um emprego. As tendências nas duas medições tendem a ser similares, como demonstra o gráfico na próxima página, embora possam variar de um mês para outro.

Enquanto no Reino Unido a pesquisa por domicílio é o principal indicador, nos Estados Unidos o foco são as consultas por empresas. Essa medição de emprego também é conhecida como Nonfarm Payroll: ela nos diz o número de empregos (com exceção da agricultura) e como eles mudam de um mês para outro. Isso é provavelmente o indicador mensal mais importante que veremos, pois ele é crucial para influenciar as decisões sobre taxa básica de juros feita pelo maior banco central do mundo: o Federal Reserve, dos Estados Unidos. A razão pela qual os

Pesquisa sobre empregos por empresas e por domicílios, nos EUA

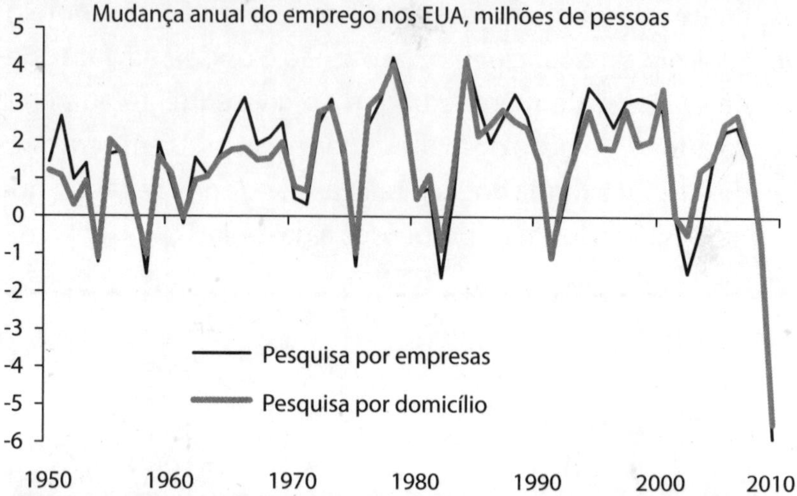

EUA são uma economia tão focada no consumidor: o emprego, e junto com ele a renda das famílias, é determinante para a demanda dos consumidores e consequentemente para a atividade econômica em geral.

Não existe apenas uma maneira de calcular o nível de emprego, e o mesmo vale para o desemprego. Em vez de realizar a pesquisa apenas nos domicílios, podemos somar o número de pessoas solicitando seguro-desemprego. Isso geralmente resulta em um número menor de desempregados do que a pesquisa por domicílios, pois nem todas as pessoas desempregadas nessa pesquisa buscam o auxílio. No Reino Unido, por exemplo, o desemprego com base no número de pedidos de seguro-desemprego ficou em 4,5% na metade de 2010, comparado a 8% da pesquisa por domicílios.

O problema em examinar o número de pessoas solicitando benefícios como medição de desemprego é que ele está sujeito a manipulação pelo governo. Se, por exemplo, um governo decide reduzir o número de semanas abertas ao recebimento de pedidos de seguro-desemprego (visando incentivar a procura por emprego), isso pode fazer com que os números fiquem artificialmente mais baixos do que realmente são. Durante o mandato da primeira-ministra Margaret Thatcher na década de 80, foi noticiado que o governo britânico alterou a definição de desemprego cerca de trinta vezes, a maioria delas levando a uma diminuição no nível de desemprego. Ainda assim, o número de pedidos de auxílio-desemprego possui duas vantagens para a medição do desemprego: primeiro, são dados mais precisos do que os baseados em pesquisas, e segundo, geralmente estão disponíveis mais rapidamente.

O MERCADO DE TRABALHO E OS SALÁRIOS

O que influencia o número de pessoas empregadas e o salário que elas recebem? Lembre-se do capítulo 2, os preços de produtos e serviços são influenciados pela quantidade de pessoas interessadas em comprá-los em relação à sua disponibilidade. Quanto maior a demanda com relação à oferta, maior será o preço. O mesmo vale para o mercado de trabalho, mas agora, em vez de produtos e serviços, estamos examinando a oferta e a demanda por horas de trabalho, sendo o "preço" quanto os trabalhadores ganham por hora.

Como fornecedores de trabalho, os indivíduos provavelmente estarão dispostos a trabalhar mais horas se o seu salário aumentar. Mas as empresas provavelmente irão demandar mais trabalhadores quanto mais barata for a mão de obra. Isso pode ser enxergado pelas duas linhas em negrito no gráfico seguinte. Agora imagine o que irá acontecer se os preços de produtos e serviços pararem de subir. As linhas no gráfico se moveriam para cima, pois os indivíduos iriam demandar maiores salários para compensá-los, e as empresas estariam dispostas a oferecer maiores salários, pois poderiam vender a produção feita por seus funcionários a um preço mais alto.

Ou seja, preços mais altos significam salários mais altos; mas, como o gráfico acima mostra, não irá necessariamente mudar a quantidade de horas trabalhadas. A razão pela qual as pessoas continuam exatamente na mesma situação inicial é devido ao seguinte: elas recebem mais por

Como os salários e o emprego interagem

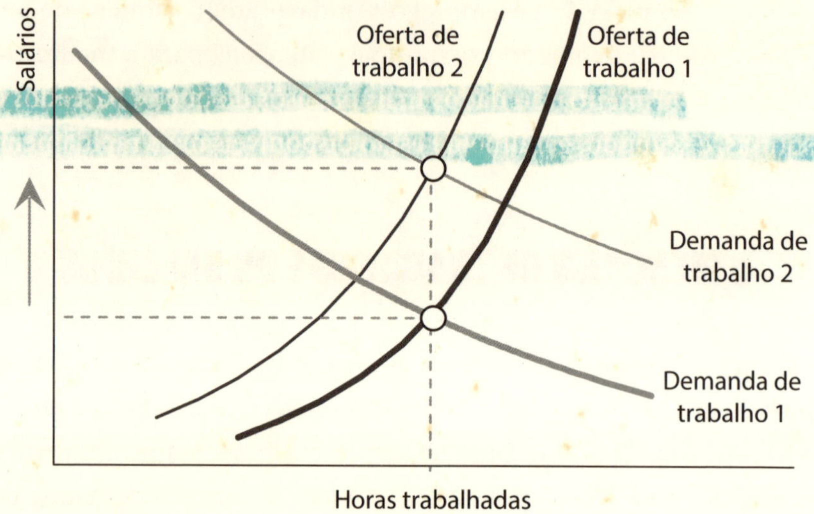

hora trabalhada, mas precisam desse valor para comprar a mesma quantidade de produtos e serviços que compravam antes, quando tanto o nível de preços quanto o de salários era mais baixo. Em termos reais, nada mudou.

O que vimos acima é chamado de Teoria Clássica dos salários e do desemprego. Os economistas gostam de simplificar temas do mundo real como empregos e salários em esquemas menores, mas as coisas na realidade podem ser mais complicadas. Ao decidir aceitar um emprego ou quantas horas trabalhar, um empregado em potencial estará interessado em mais do que apenas o salário. Por exemplo, ele deve levar em consideração o quanto ele poderia receber do governo para não trabalhar e, em vez disso, solicitar os benefícios. Quanto maior for o nível de benefícios para desempregados em comparação aos salários (algo que os economistas chamam de "índice de reposição") maior será a probabilidade de o indivíduo optar por não trabalhar.

TIPOS DE DESEMPREGO

Em qualquer economia e a qualquer tempo, há sempre pessoas sem vagas de emprego para as quais se qualificam. Na tentativa de entender por que o desemprego existe, podemos classificá-lo em diferentes tipos, dependendo do caso. Há cinco tipos de desemprego principais:

Estrutural. O nível de desemprego associado ao funcionamento normal da economia é chamado de desemprego estrutural. Ele costuma existir por causa do declínio de longo prazo de algumas indústrias em um país e pela incapacidade de as pessoas anteriormente empregadas nelas se reciclarem para outros trabalhos. Podemos pensar nas empresas de manufatura no Reino Unido (montadoras de carros, estaleiros e metalúrgicas, por exemplo) que sucumbiram à forte concorrência dos baixos custos de produção em mercados emergentes como a China. Pode ser difícil reciclar essa mão de obra excedente para serviços de escritório.

Esse tipo de desemprego pode ser resultado do progresso tecnológico, que reduz a necessidade de trabalhadores em favor de máquinas. Devido à sua natureza, que obriga os trabalhadores a se reciclarem para outros trabalhos, o desemprego estrutural tende a ser de longo prazo, com as pessoas afetadas por ele ficando sem emprego por um ano ou mais.

Cíclico. Desemprego cíclico, como o nome sugere, é resultado de uma desaceleração na economia. Também chamado de desemprego "conjuntural", é resultado de uma queda de demanda durante uma recessão ou desaceleração, em que as empresas são forçadas a produzir menos produtos e serviços, por isso demitem parte dos funcionários. Tipicamente, quando a economia está crescendo a um nível abaixo da tendência, esperamos um aumento do desemprego cíclico, e ele tende a cair quando a economia está acima da tendência.

Clássico. Interferência demais no mercado de trabalho pode ser a causa de desemprego. Vimos anteriormente que, se deixados aos seus próprios mecanismos, o emprego e os salários serão determinados pela quantidade de horas que as empresas demandam e pelo número de trabalhadores que estão dispostos a fornecer mão de obra. Mas o que acontece se os sindicatos tentarem manter os salários altos demais? Ou se o governo determinar um salário mínimo alto demais? Bem, podemos prever seguramente que mais pessoas se interessarão em trabalhar, pois estarão recebendo uma recompensa maior, mas as empresas não estarão interessadas em contratar tanta gente, pois seria uma despesa extra. Em outras palavras, o desemprego aumenta.

O gráfico a seguir mostra, para vários países, as taxas médias de desemprego nos últimos 15-20 anos.

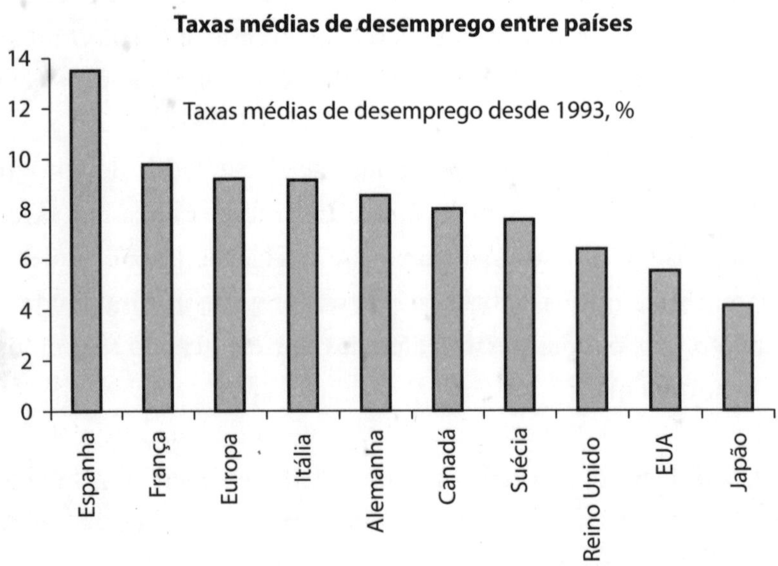

Na zona do euro, o desemprego sempre teve uma tendência mais alta do que em outros países, como Reino Unido, Estados Unidos e Japão. Uma das razões para isso pode ser porque os mercados de trabalho nesses países são bastante controlados e rígidos: algo que chamam de "euroesclerose". Por exemplo, existem os altos custos associados à demissão de funcionários, os sindicatos são mais poderosos e os auxílios--desemprego costumam ser maiores. Ou seja, os trabalhadores estão sendo espantados do mercado. Algumas economias da Europa estão buscando desregulamentar seus mercados de trabalho, mas reduzir esse desemprego clássico será um processo lento.

Friccional. Se uma pessoa perde o emprego, pode levar tempo até que ela encontre um novo: mesmo se o ciclo econômico for forte e as vagas de emprego forem abundantes. Isso é chamado de desemprego friccional, e ele existe devido ao que os economistas chamam de "conhecimento imperfeito" (vagas de emprego podem existir, mas leva tempo até que a empresa e o funcionário em potencial se encontrem) e a imobilidade geográfica de alguns trabalhadores (a empresa e o funcionário não estão no mesmo lugar). Alguns economistas sugerem que reduzir os auxílios-desemprego pode estimular as pessoas a procurar empregos mais rapidamente e reduzir o desemprego friccional.

Sazonal. Mudanças no emprego e no desemprego podem ser causadas por influências sazonais. Mais pessoas tendem a ser contratadas quando o Natal se aproxima, por exemplo, do que no restante do ano. Pense no aumento dos trabalhos temporários para atender ao aumento das compras em datas comemorativas. No entanto, o desemprego tende a aumentar no novo ano, à medida que o consumo cai novamente. Na verdade, as estatísticas de desemprego geralmente são ajustadas para amenizar as influências sazonais de maneira parecida com os números do PIB, como vimos no capítulo 1.

A maioria dessas medições de desemprego é o que chamamos de "involuntário". Ou seja, não é por livre escolha que as pessoas estão sem trabalho. No caso do desemprego cíclico e sazonal, é devido a uma queda na demanda; o friccional é devido ao tempo de espera para se encontrar um novo emprego; e o estrutural é devido ao declínio de longo prazo de uma indústria em particular. Todos eles estão fora do controle dos trabalhadores.

O desemprego clássico, no entanto, é uma questão diferente. Nesse caso, ao pedir um salário alto demais, os trabalhadores estão essencialmente desistindo de possíveis vagas no mercado de trabalho. Se eles estiverem dispostos a diminuir suas exigências, então os empregadores potenciais estariam mais dispostos a contratá-los. Consequentemente, o desemprego clássico muitas vezes é chamado (um tanto injustamente talvez) de "voluntário".

A LEI DE OKUN

Agora, vamos examinar melhor o desemprego cíclico. Aprendemos há pouco que, com o desemprego cíclico, o número de pessoas desempregadas aumenta quando a economia está indo mal e cai quando ela vai bem. Isso é o que conhecemos por "Lei de Okun", em homenagem ao economista Arthur Okun, que no início da década de 60 escreveu sobre a relação entre o crescimento econômico e a taxa de desemprego nos Estados Unidos. Okun havia originalmente explicado que um aumento de 3% na atividade econômica acarretaria uma queda de 1% na taxa de desemprego e vice-versa.

Quem dera fosse tão simples! Na prática, a maneira como o desemprego se altera quando a economia ganha ou perde força pode variar substancialmente. Observe o gráfico a seguir, por exemplo. Ele mostra, para uma série de países durante a última recessão, o aumento da taxa de desemprego, representado pelo eixo horizontal, com relação à queda no PIB no eixo vertical.

Como se pode ver, há grandes diferenças entre os países na forma como o desemprego responde à atividade econômica. Países como os EUA e a Espanha sofreram forte aumento na sua taxa de desemprego

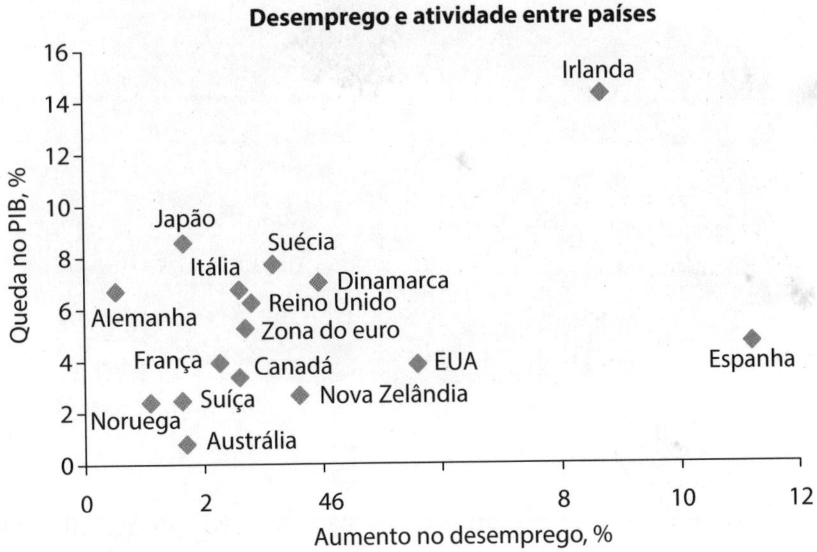

com relação à contração econômica na última recessão. Por outro lado, a Alemanha e o Japão sofreram um aumento menor das taxas de desemprego em comparação à gravidade com que a atividade econômica caiu. Essas diferenças podem ser devido a uma série de fatores, incluindo algo que chamamos de "rigidez" no mercado de trabalho (ao apoiar a manutenção de salários e nas horas trabalhadas, os sindicatos podem forçar as empresas a reduzir sua mão de obra para poupar gastos durante uma recessão) e o fato de que alguns setores usam mais mão de obra do que outros (pense no tamanho do setor de construção civil na Espanha, por exemplo, que foi atingido por um mercado imobiliário mais fraco).

E assim comprovamos que a maneira como o crescimento econômico e o desemprego interagem pode variar consideravelmente de um país para outro. Mas a maneira como o desemprego (e, no outro lado da moeda, o emprego) se altera com o crescimento econômico pode variar notoriamente com o tempo no mesmo país. O gráfico a seguir demonstra como o número de desempregados no Reino Unido mudou à medida que a atividade econômica oscilou nos últimos trinta anos.

QUEM DISSE

"É uma recessão quando seu vizinho perde o emprego; é uma depressão quando você perde o seu."

Harry S. Truman

Na recessão que se seguiu à contração do crédito em 2008-2009, o desemprego no Reino Unido não chegou a cair nem perto do que a história sugeria. Enquanto o PIB caiu do máximo ao mínimo mais do que qualquer recessão do pós-guerra, a queda no desemprego foi menor do que nas recessões do início das décadas de 90, 80 ou 70.

Desemprego e atividade ao longo do tempo no Reino Unido

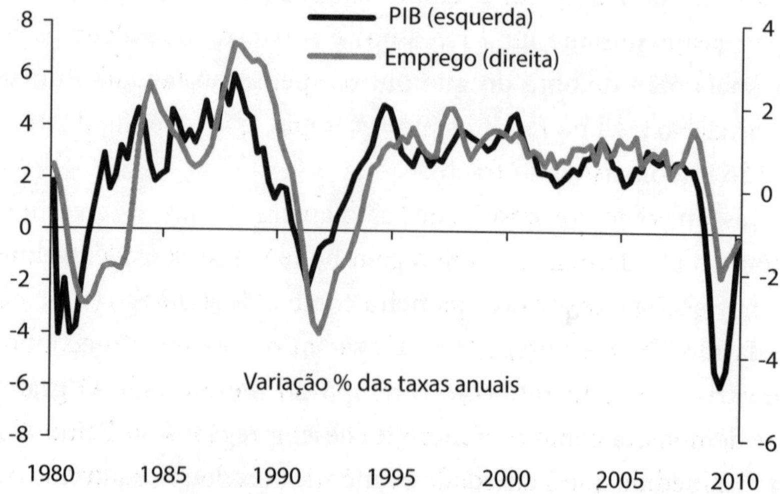

Por que isso aconteceu? Poderia ter sido porque as pessoas estavam dispostas a trabalhar por salários menores ou trabalhar meio período, reduzindo as despesas com salário da empresa e as estimulando a manter sua força de trabalho durante a recessão. Além disso, o governo continuou contratando durante a crise, compensando parte da redução de vagas no setor privado associada à recessão. Isso também pode ter sido porque mudanças na política econômica (como uma baixa acentuada na taxa básica de juros) ajudaram as empresas a resistir melhor à recessão.

TEMPO DE ESPERA

Uma coisa que você deve ter notado nesse gráfico é que a atividade econômica parece mudar antes do nível de emprego; não por muito tempo, provavelmente apenas três meses. Dizemos que as mudanças no nível de emprego têm uma defasagem com relação à atividade econômica. Por que isso acontece?

Pense em uma manufatureira que contrata funcionários para fabricar produtos que serão comprados pelas famílias. O que acontece se as pessoas começarem a comprar menos produtos da empresa, talvez porque o governo tenha aumentado o imposto de renda, tendo como consequência uma menor renda disponível? O produtor fica com bens não vendidos e pode optar por reduzir sua força de trabalho se não tiver esperança de recuperação da demanda.

Mas o produtor deve ter cuidado: e se uma queda na demanda se mostrar temporária? Quando as pessoas começam novamente a comprar os produtos da empresa, ela estará sem mão de obra e terá que recontratar seus funcionários. Ou seja, os produtores tendem a não demitir seus funcionários imediatamente quando a demanda por seus produtos cai, porque é custoso demitir e depois recontratar funcionários. Pense no desembolso necessário para as rescisões, e o custo subsequente da procura por novos funcionários quando a demanda se recuperar.

As empresas, então, são cautelosas ao reduzir sua força de trabalho quando surge uma crise. Da mesma forma, em uma recuperação, pode levar algum tempo para se contratar a mão de obra necessária para atender à demanda extra por seus produtos. Ou seja, há tempos de espera entre mudanças na atividade econômica e no emprego também nos períodos de recuperação.

PRODUTIVIDADE

É útil também pensarmos no que essas esperas significam para a produtividade. A produtividade é nada mais do que a quantidade de produção de um trabalhador médio na economia. Por outro lado, ela pode ser medida como a quantidade de produção durante uma hora média de trabalho.

Como vimos, em uma recessão a produção cai primeiro e o nível de emprego cai em seguida. Isso significa que durante algum tempo a mesma força de trabalho estará produzindo menos, diminuindo sua produtividade. Mas em uma recuperação, como as empresas não podem aumentar sua força de trabalho tão rapidamente quanto a atividade (lembre-se do desemprego friccional: leva tempo para os empregados e empregadores encontrarem um ao outro), elas precisam usar sua força atual com mais intensidade, o que quer dizer que a produtividade aumenta. Ou seja, a produtividade se move de acordo com o ciclo econômico.

Entretanto o que realmente importa em termos de produtividade é a taxa subjacente de melhora ao longo do tempo, e não apenas as oscilações resultantes das movimentações da economia entre recessão e expansão. A produtividade de longo prazo é influenciada pela eficiência com a qual a economia combina os três fatores de produção,

QUEM VOCÊ PRECISA CONHECER

Adam Smith

Nascido na Escócia, Adam Smith é considerado o pai da economia, muito embora o assunto como o conhecemos hoje não existisse (ele começou sua vida acadêmica basicamente como um filósofo). Ele é bastante citado por suas visões capitalistas, principalmente por seu desejo de promover a concorrência para aumentar o bem-estar econômico.

Ele é mais conhecido pelo livro *A riqueza das nações*, publicado em 1776. Nele, Adam Smith argumenta que se todos agirmos conforme nossos próprios interesses, essa também será a melhor consequência para a sociedade como um todo. Isso se reflete nas suas citações mais famosas: um indivíduo é "levado como que por uma mão invisível a promover um objetivo que não fazia parte de suas intenções", sendo esse fim para maximizar a riqueza nacional.

Ele fala de como o progresso tecnológico e a divisão do trabalho podem aumentar a produtividade. Por exemplo, ele utilizou o modelo de uma fábrica de alfinetes, argumentando que, se cada trabalhador fosse responsável por apenas umas das etapas de produção de alfinetes, a produção seria muito maior do que se cada trabalhador produzisse sozinho todo o alfinete. Se algum dia você receber uma nota de 20 libras esterlinas, encontrará no verso um retrato de Adam Smith e uma ilustração da sua divisão do trabalho. O exemplo mais atual nos dias de hoje é a indústria automotiva, na qual cada trabalhador foca sua atenção em montar apenas uma parte do veículo.

Há uma série de razões para Smith dizer que esse processo iria melhorar a produtividade: a repetição aumenta a velocidade, economiza-se tempo por não ter que se locomover de tarefa em tarefa, e os trabalhadores são estimulados a desenvolver maquinário que economiza tempo com um trabalho específico.

Em outra questão, Smith apoiava a ideia do livre mercado, uma vez que os produtos importados baratos podiam reduzir o custo de produção de bens e serviços. Isso o colocou em oposição ao pensamento convencional da época (conhecido como mercantilismo, que dizia que a riqueza devia ser aprimorada por meio da restrição às importações). Apesar do foco no livre mercado e na concorrência, Smith não condenou inteiramente o papel do governo, pois as leis limitam a ação de grandes empresas, e disposições sobre política/defesa social são importantes para o governo assumir. Ainda hoje, Adam Smith continua sendo o maior representante dos economistas do livre mercado *laissez-faire* (literalmente, "deixe estar" em francês).

que são os recursos naturais (como terra), trabalhadores e maquinário (ou capital), para produzir bens e serviços. Vamos pensar em como as mudanças nesses fatores podem melhorar a produtividade.

- ***Recursos nacionais.*** Não há muito que possamos fazer quanto aos recursos naturais dos quais um país dispõe, ou não, conforme o caso. Esse é o fator de produção que menos pode ser influenciado pela intervenção humana.
- ***Trabalho.*** Os trabalhadores sempre podem ser incentivados a trabalhar mais e se tornarem mais produtivos, talvez lhes oferecendo ações da empresa para a qual trabalham ou definindo programas de participação de lucros.
- ***Capital.*** Investir em um número maior de máquinas ou em máquinas mais eficientes pode aumentar o volume que cada

trabalhador consegue produzir. Os trabalhadores geralmente estão preocupados em serem substituídos por novas tecnologias, mas lembre que é necessário, em primeiro lugar, mão de obra qualificada para criar melhorias tecnológicas.

A importância de se alcançar uma maior produtividade é que ela nos permite uma situação melhor com a redução dos custos de produção. Além disso, o envelhecimento da população em muitos países torna o aumento de produtividade uma necessidade, pois há um número cada vez maior de aposentados que dependem de uma porcentagem menor de população ativa. Então não é de se surpreender que o Santo Graal dos governos seja aumentar a taxa de produtividade de longo prazo.

A CURVA DE PHILLIPS E A "TAXA NATURAL" DE DESEMPREGO

Um assunto especialmente importante na macroeconomia nos últimos cinquenta anos foi a relação entre o desemprego e a inflação. O pensamento econômico mudou drasticamente com essa relação e de uma maneira que tem um impacto crucial na formulação de políticas (tanto na definição da taxa básica de juros quanto nas decisões do governo sobre impostos e consumo).

No fim da década de 50, o economista A. W. Phillips publicou um estudo que examinava a inflação e o desemprego nos Estados Unidos ao longo do século anterior. Ele descobriu que havia uma relação clara entre salários e empregos: quando a taxa de desemprego caía, os salários tendiam a aumentar de maneira mais acentuada, e vice-versa. O mesmo acontecia se os preços, em vez dos salários, fossem comparados ao desemprego. A relação inversa entre inflação e a taxa de desemprego logo ficou conhecida como a "Curva de Phillips".

Isso fez com que os governos pelo mundo concluíssem que poderiam decidir qual dos dois males, inflação ou desemprego, eles desejavam.

Por exemplo, se um governo acreditar que o desemprego está alto demais, ele poderá reduzi-lo por meio de políticas expansionistas (cortes de impostos, maiores gastos e taxas de juros mais baixas) mas tudo à custa de uma inflação maior. Se, em vez disso, o governo acreditar que a inflação está alta demais, ele poderá aumentar os impostos, cortar gastos e aumentar a taxa básica de juros para reduzir a demanda e consequentemente a inflação, desta vez à custa de um maior desemprego. Em outras palavras, de acordo com Phillips, não há "almoço grátis": inflação e desemprego não iriam cair (ou aumentar, conforme o caso) ao mesmo tempo.

A Curva de Phillips

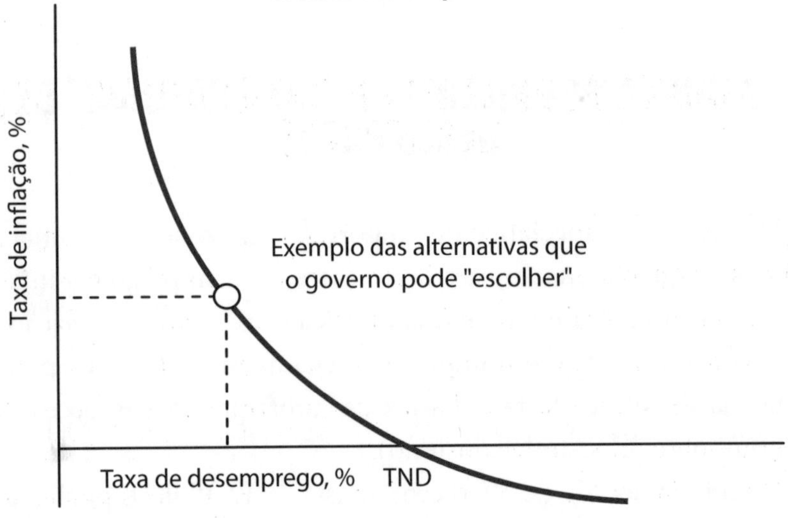

Tudo isso sugeriu que haveria um nível de desemprego no qual seria impossível reduzi-lo sem causar um aumento de preços, esse nível foi chamado de "taxa natural de desemprego", representado pelo eixo TND no gráfico acima. Quando estamos na taxa natural, dizemos que temos o "pleno emprego": ainda há desempregados, mas aumentar o nível de emprego/reduzir o desemprego ainda mais causaria problemas econômicos (inflação).

Outra forma de se pensar a taxa natural de desemprego é voltar às diferentes taxas de desemprego que vimos anteriormente no capítulo. A taxa natural é o nível de desemprego que existe quando a economia está crescendo como deve; em outras palavras, quando não existe falta de demanda que o acarrete. Ou seja, a taxa natural pode ser pensada como os quatro outros tipos de desemprego (estrutural, clássico, friccional e sazonal), com exceção do cíclico.

Como sugere a Lei de Okun, os governos podem lidar com o desemprego cíclico estimulando a atividade na economia, por meio das chamadas políticas de "gestão de demanda". Por outro lado, as políticas que em vez disso focam na redução da taxa natural de desemprego lidando com problemas inerentes à estrutura do mercado de trabalho são chamadas de políticas "do lado da oferta", pois estão lidando com a oferta de emprego. Frear o poder dos sindicatos, fornecer melhores programas de reciclagem profissional e reformar os programas de auxílio-desemprego são os tipos de políticas do lado da oferta que podem ajudar a reduzir a Taxa Natural de Desemprego.

POR QUE A CURVA DE PHILLIPS PAROU DE FUNCIONAR

Até o fim da década de 60, a Curva de Phillips pareceu uma boa descrição de como as economias funcionavam, porém as coisas mudaram drasticamente nas duas décadas seguintes. A combinação de desemprego crescente e inflação em várias economias durante as décadas de 70 e 80 (principalmente no Reino Unido e nos EUA) foi exatamente o oposto do que Phillips disse que iria acontecer.

O que deu errado? Por que, após um século, a Curva de Phillips deixou de funcionar? Dois monetaristas, Milton Friedman e Edmund Phelps, encontraram a falha na Curva de Phillips mesmo antes dela fracassar.

Embora a Curva de Phillips tenha funcionado bem durante um século inteiro, Friedman & Phelps disseram que ela era confiável apenas para um curto período de tempo. Para entender o porquê, vejamos a explicação do gráfico abaixo: Imagine que um governo queira reduzir o desemprego introduzindo políticas expansionistas. Isso causa um maior crescimento econômico, mas ao mesmo tempo gera aumento dos preços de bens e serviços na economia. Com os salários inalterados, as empresas estarão felizes em contratar mais trabalhadores, pois agora elas estarão ganhando mais para vender os produtos fabricados por seus funcionários e, portanto, tendo lucros maiores. Ou seja, no curto prazo, o desemprego cai e temos uma alta da inflação, assim como sugeriu Phillips.

Por que a Curva de Phillips parou de funcionar após a década de 60

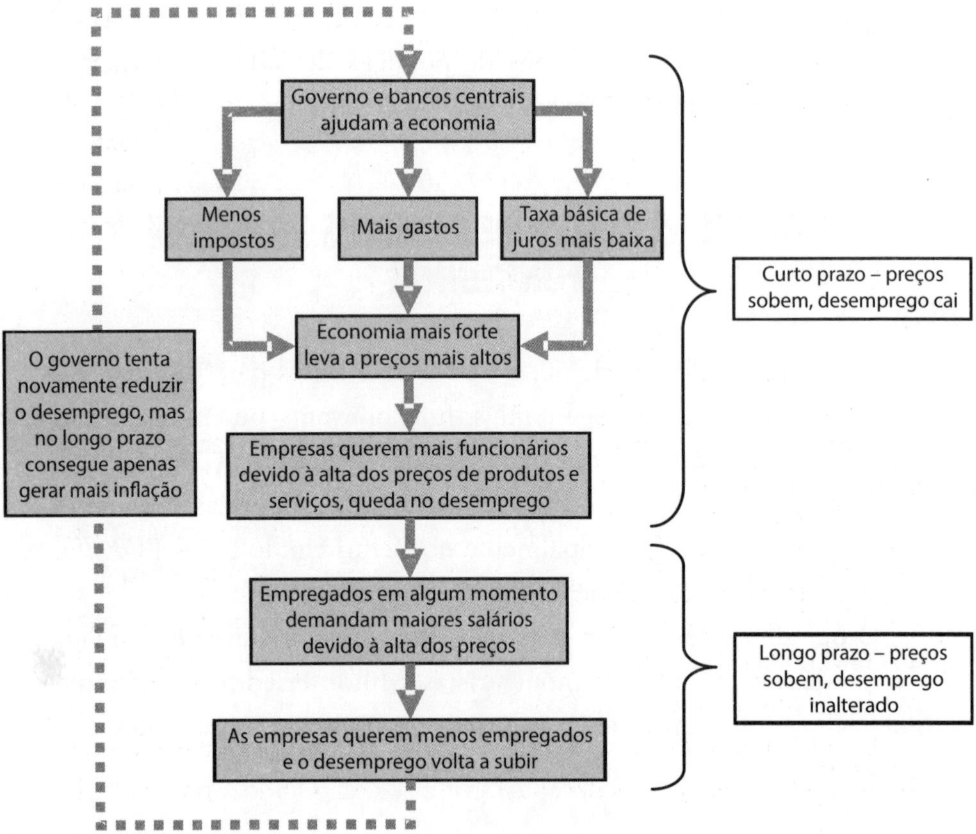

Mas os trabalhadores mais cedo ou mais tarde se darão conta de que estão sendo enganados: o preço das suas horas trabalhadas não está mais alto, porém o dos bens e serviços que compram está. Dessa forma, após algum tempo, eles irão demandar maiores salários; mas nós sabemos que quando os salários aumentam as empresas irão querer menos mão de obra, e o desemprego irá subir novamente ao ponto em que começamos.

Friedman e Phelps, portanto, sugeriram que no longo prazo a única coisa que o governo consegue estimulando a economia é mais inflação, sem alterações no número de trabalhadores. Seria impossível manter o desemprego abaixo do seu nível natural porque o governo teria que continuar impulsionando a economia com pacotes e mais pacotes de estímulo, reduzindo o desemprego apenas no curto prazo e levando a taxas de inflação cada vez maiores. Essa é a razão pela qual as políticas expansionistas das décadas de 70 e 80 não foram capazes de reduzir o desemprego, mas causaram uma inflação desenfreada.

Friedman e Phelps descreveram a taxa natural de desemprego de um modo diferente de Phillips, por isso a chamaram de "Taxa de Desemprego que Não Acelera a Inflação", também chamada pela sigla em inglês NAIRU. Isso pode parecer complicado, mas na verdade não é; isso é nada mais do que a taxa básica de desemprego que pode ser alcançada na economia sem produzir taxas de inflação mais elevadas. Se a inflação se mantiver inalterada, sempre haverá uma tendência para que o desemprego volte a esse nível.

A implicação-chave dessa política no trabalho de Friedman e Phelps é que o governo não pode permutar entre desemprego e inflação no longo prazo. Políticas expansionistas produzem apenas uma queda de curto prazo no desemprego abaixo da taxa natural até que os trabalhadores se deem conta de que estão sendo enganados pela queda dos salários reais (preços maiores nas lojas ao mesmo tempo que não há mudança nominal nos salários).

Essa é a teoria, mas como o desemprego e a inflação conseguiram se mover juntos nas últimas décadas? Tome o Reino Unido, por exemplo:

o gráfico a seguir mostra que, ao mesmo tempo que o desemprego oscilou com o ciclo econômico, a inflação variou menos e em geral foi mais baixa nos últimos quinze ou vinte anos. Isso coincidiu com as metas de inflação do Banco da Inglaterra a partir de 1993 (e fazendo-as como um corpo independente desde 1997). Ou seja, a inflação se manteve estável, qualquer que fosse a situação do desemprego.

A relação variante entre inflação/desemprego no Reino Unido

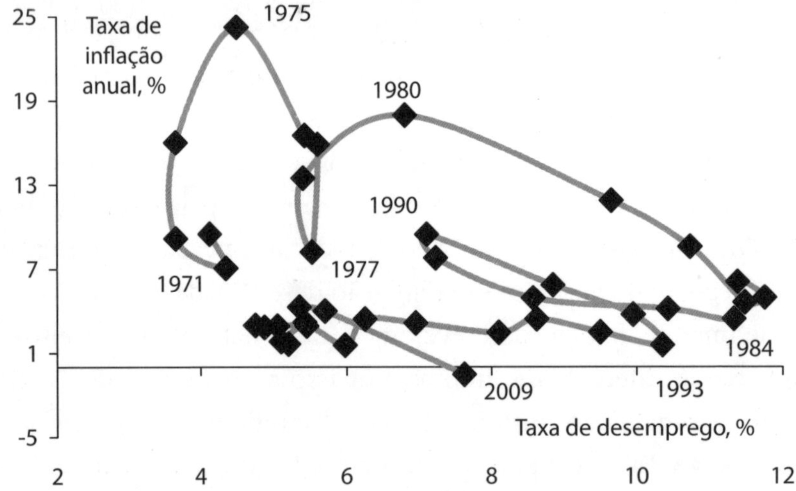

MUDANÇAS NA FORÇA DE TRABALHO

Em muitos países, os mercados de trabalho mudaram radicalmente nas últimas décadas. Para encerrar nossa exploração do mercado de trabalho, resumimos abaixo as principais alterações:

- *Imigração*. Os avanços na tecnologia e nos transportes "globalizaram" os mercados de trabalho pelo mundo. Desde call centers localizados na Ásia (terceirização) à movimentação física de trabalhadores da Europa Oriental para a Ocidental, o número de pessoas capazes de fornecer seus serviços a qualquer país a qualquer tempo aumentou drasticamente. Se os empregadores no Reino Unido, por exemplo, sabem que podem contratar trabalhadores no exterior a custo menor (e em alguns casos que trabalham mais), então os trabalhadores britânicos terão que competir aceitando também salários menores. O aumento da disponibilidade de trabalhadores estrangeiros, portanto, introduziu mais competição, reduziu obstáculos e, como resultado, cortou custos de mão de obra.

- ***Indústria versus serviços.*** Como as economias desenvolvidas aumentaram suas importações de produtos de baixo custo (principalmente da Ásia), a indústria doméstica tem sofrido e há uma migração para a produção de mais serviços. Tudo isso causou uma queda acentuada nas contratações dos setores industriais nos países desenvolvidos, ao mesmo tempo que esses setores cresceram nos países em desenvolvimento. No Reino Unido, os empregos na indústria eram mais numerosos no norte do país do que no sul, gerando um aumento no desemprego estrutural no norte. Como vimos anteriormente neste capítulo, o declínio de algumas indústrias geralmente significava que pessoas ficariam desempregadas por mais tempo, pois leva tempo para reciclá-las ou realocá-las para novos empregos.
- ***Empregos provisórios e gênero.*** Houve uma movimentação no sentido de mais empregos temporários no Reino Unido, principalmente com o aumento da participação feminina no mercado de trabalho. Cada vez mais mulheres trabalham logo após darem à luz, ajudadas por mudanças nas leis trabalhistas nos últimos anos, e porque muitas novas mães preferem trabalhar menos horas, o número de mulheres fazendo trabalhos temporários aumentou, principalmente no setor de serviços. A proporção de pessoas classificadas como autônomas (ou que têm seu próprio negócio) também cresceu no Reino Unido.

- ***Envelhecimento da força de trabalho.*** Com o aumento da longevidade em muitos países, as pessoas estão agora trabalhando até uma idade mais avançada para assegurar que tenham pensões adequadas para sustentá-las ao longo da aposentadoria. A crise do crédito e o consequente aumento do endividamento governamental fez com que alguns governos tivessem que aumentar a idade de aposentadoria para reduzir os pagamentos de pensões e equilibrar suas contas. Ao mesmo tempo, há menos jovens na força de trabalho, uma vez que mais estudantes se mantêm nos estudos por mais tempo do que antigamente. Mesmo com um aumento na idade de aposentadoria, o número de pessoas que não estão em idade ativa (menores de 16 ou acima da idade de aposentadoria) aumentou drasticamente em relação à população ativa. Isso é conhecido como "razão de dependência", pois nos diz a proporção de trabalhadores que precisam sustentar os dependentes, ou a população economicamente inativa.
- ***Empregos públicos.*** Nos países onde foram expandidas as dimensões do governo nos últimos anos, o emprego no setor público cresceu. Em alguns casos, como no Reino Unido, o aumento no número de empregos públicos foi acentuado. Como consequência da contração do crédito, como os governos pelo mundo reduziram seus gastos na tentativa de melhorar o estado das suas finanças, o número de pessoas empregadas pelo governo poderia muito bem cair também.
- ***Sindicatos.*** Os sindicatos não são mais tão importantes no Reino Unido como costumavam ser, graças a reformas feitas pelos partidos conservadores na década de 80 e início da década de 90. Leis trabalhistas e sindicais foram aprovadas em 1980, 1982, 1984, 1988, 1989, 1990 e 1993, e elas limitaram o poder dos sindicatos, facilitando a contratação e demissão de funcionários e, de forma geral, aumentando a flexibilidade do mercado. Como resultado, a porcentagem de reajustes salariais sendo negociada pelos sindicatos caiu junto com o nível de desemprego clássico.

O que isso nos mostra é que o mercado de trabalho está em constante mudança. Ele se tornou muito mais flexível nos últimos anos, com a restrição do poder dos sindicatos e a maior possibilidade para as empresas aproveitarem a mão de obra de qualquer parte do mundo. O mercado vai continuar mudando no futuro, sendo um dos seus aspectos mais desafiadores a maneira como os governos ao redor do mundo vão se adaptar ao envelhecimento populacional.

LEMBRE-SE DISTO

O número de pessoas empregadas costuma oscilar com o ciclo econômico. Mas todas as economias têm um certo nível de desemprego que não irá se reduzir, não importando a rapidez com que a economia cresce. Os governos aprenderam a duras penas nas décadas de 70 e 80 que não podem simplesmente aceitar uma inflação maior em troca de um nível de desemprego mais baixo. Algumas vezes, altos níveis de desemprego e inflação podem coexistir.

CAPÍTULO 4
COMÉRCIO

DO QUE SE TRATA

- Por que o comércio é benéfico para a economia global
- Por que os países se especializam no que produzem
- Como a balança comercial é formada por exportações e importações
- Como as moedas podem afetar o comércio
- O que é a conta de transações correntes
- Por que os governos utilizam tarifas e cotas

O QUE É O COMÉRCIO INTERNACIONAL?

Entre em um supermercado em qualquer país hoje em dia e você verá uma gama de produtos de várias partes do mundo. Você pode encontrar bananas da República Dominicana, ervilhas do Quênia e mangas da Índia.

O mesmo é verdade quando olhamos para as ruas. Há carros da Alemanha, dos Estados Unidos e do Japão, para dizer alguns. Você encontrará frutos do comércio internacional em todas as situações da vida diária, uma vez que as tecnologias modernas e os meios de transportes garantem que produtos sejam enviados ao redor do mundo em uma escala nunca antes vista. Há brinquedos fabricados na China, camisetas da Índia, TVs da Coreia do Sul etc.

O comércio, ou a compra e venda de produtos e serviços, é umas das pedras fundamentais de todas as economias. As primeiras sociedades dependiam do escambo, ou a simples troca de um bem ou serviço por outro. Mais tarde, commodities como o ouro e a prata foram usadas como forma de pagamento e agora, obviamente, utilizamos o dinheiro.

O comércio internacional nada mais é do que a compra e venda de bens e serviços para além das fronteiras nacionais. Ele também já existe há milhares de anos. Há evidências de rotas de comércio internacional datando de até 3000 A.C. Os gregos antigos traziam temperos da Índia. O Império Romano construía rotas de transporte seguras para que as pessoas pudessem fazer comércio livres de assaltos.

Então, de que forma o comércio internacional difere do comércio dentro das próprias fronteiras? Talvez a maior diferença seja também sua maior vantagem. Ele oferece um número maior de escolhas e fornece um mercado maior. Se o comércio fosse restrito apenas a um país, as pessoas estariam limitadas a vender seus produtos no mercado doméstico. Pense na corrida das empresas ocidentais para se estabelecerem na China. Elas estão contando com a possibilidade de se firmarem em um mercado de mais de 1 bilhão de pessoas. O comércio internacional também oferece a possibilidade de comprar uma variedade maior de produtos. Por exemplo, os franceses agora podem beber vinhos feitos na Espanha, na Alemanha ou mesmo na Nova Zelândia.

Outra grande diferença é que o comércio internacional pode estar sujeito a uma regulação maior, pois envolve diferentes países. Cada país regula o fluxo de pessoas, bens e dinheiro que cruza as suas fronteiras. Dentro do país, costuma ser relativamente mais fácil se deslocar e transportar bens. Para cruzar fronteiras, no entanto, geralmente se está sujeito a controles de imigração e à alfândega.

Alguns países podem até criar barreiras ao comércio, como tarifas e cotas. A primeira é um imposto sobre produtos importados. A segunda é um limite de quantidade de determinado produto que pode ser trazido para o país. Tais medidas costumam ser chamadas de exemplos de protecionismo, porque os países as tomam para proteger suas indústrias domésticas ou empregos.

De onde os EUA importam

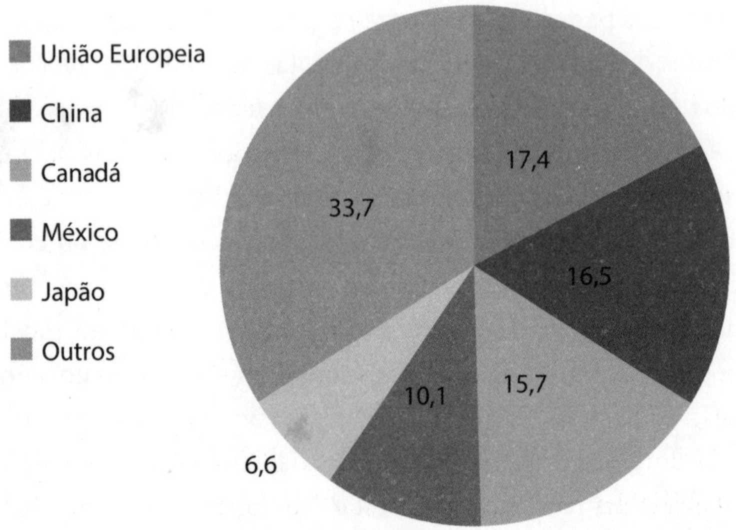

É claro, a outra grande diferença entre comércio nacional e internacional é o pagamento. Diferentes países, ou blocos comerciais, tendem a ter moedas próprias. No Reino Unido, as pessoas terão que trocar suas libras por euros se quiserem comprar vinho da França. A quantidade de euros que você consegue para cada libra depende da taxa de câmbio definida nos mercados de divisas. O preço relativo também é resultado dos fluxos comerciais entre os países. Por exemplo, se as pessoas no Reino Unido continuassem aumentando a quantidade de vinho que compram da França, também iriam precisar de mais euros. Elas teriam que comprá-los com libras, o que forçaria uma tendência de alta do euro em relação à libra.

O comércio internacional, obviamente, oferece um mercado mais amplo, mas há outras razões pelas quais os países compram e vendem um do outro. A primeira é que países diferentes têm recursos naturais diferentes. Alguns países podem ter uma grande área de terra cultivável ou possuir reservas de cobre ou ouro. As nações do Golfo, no Oriente Médio, por exemplo, possuem petróleo. Ele é uma commodity bastante valiosa, e muitos países importam seu petróleo desses países, tornando os exportadores de petróleo muito ricos nesse processo.

O segundo é em relação às diferentes preferências. Mesmo se os países tivessem acesso aos mesmos recursos naturais, poderiam ter que fazer comércio uns com os outros por gostarem de variedade. Por exemplo, suponha que o Reino Unido e a França produzem mais ou menos a mesma quantidade de cerveja e vinho. Mas os britânicos gostam mais de cerveja e os franceses preferem vinho. Os britânicos venderiam seu vinho para os franceses e comprariam cerveja. Consequentemente, os dois lados ganham.

Uma das razões mais importantes para o comércio internacional, no entanto, é a diferença de custos. Por exemplo, os salários na China são muito mais baixos do que nos países ocidentais. Portanto, é muito mais barato fabricar produtos na China, que podem ser vendidos por um preço menor. Essa é a razão pela qual tanta produção industrial agora

A crescente participação da China no comércio mundial

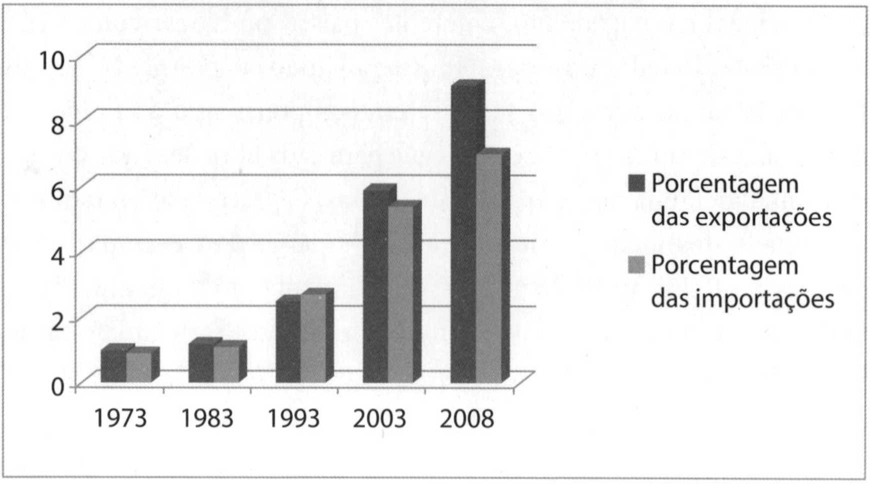

é feita em países como China ou Índia, e os bens que eles produzem são exportados para as partes do mundo onde o custo da mão de obra é mais alto.

O comércio também é um dos caminhos mais certos para sair da miséria em muitos países em desenvolvimento. Isso pode ser feito por meio da exportação de itens como frutas e legumes. Ou pode acontecer também com produtos industrializados utilizando mão de obra mais barata que geralmente existe nesses países. O aumento do comércio entre países também aumenta as possibilidades de cooperação e reduz o risco de conflitos.

Embora a maioria dos economistas exaltem as virtudes do livre comércio internacional, alguns governos e grupos de interesse tentam criar restrições, se acreditam que ele está custando empregos ou prejudicando indústrias nacionais. Por exemplo, a Índia costumava cobrar altos impostos sobre os carros até a década de 90, para que os consumidores, em vez disso, comprassem carros nacionais mais baratos. Nos últimos anos, os políticos americanos têm se preocupado com o fato de a mão de obra chinesa estar afetando a produção dos EUA e causando o fechamento de fábricas.

QUEM DISSE

"Nunca dois países que têm McDonald's entraram em guerra um com o outro, depois que cada um ganhou o seu restaurante."

Thomas Friedman

VANTAGEM COMPARATIVA

O economista inglês David Ricardo propôs o que talvez seja o argumento mais persuasivo sobre os benefícios do comércio internacional no século 19. O seu princípio da vantagem comparativa afirma que um país irá se beneficiar da produção e exportação de produtos que puder fabricar a um preço relativamente menor do que em outros países. Da mesma forma, o país tem mais a ganhar importando um produto que só é capaz de fabricar a um preço relativamente mais alto. E mais ainda, um país pode sair ganhando ao importar, mesmo que possa fabricar a um custo menor do que o resto do mundo.

O conceito importante aqui é o que os economistas chamam de custo de oportunidade. O custo de oportunidade de um bem é a quantidade de outros produtos que têm que ser sacrificados para produzir mais uma unidade desse bem. Ou seja, de acordo com o princípio da vantagem comparativa, os países ganham quando exportam bens que têm um custo de oportunidade menor do que o de outros países.

Pense nisso da seguinte forma. Imagine que, por uma questão de simplicidade, existam apenas dois países: País A e País B. Há também apenas dois tipos de produtos: TVs e aparelhos de DVD. Leva 30 horas de trabalho no País A para fabricar uma TV e 5 horas para fabricar um aparelho de DVD. No País B, 60 horas de trabalho para fabricar uma TV e 6 horas para fabricar um aparelho de DVD.

Diante disso, o País A pode fabricar TVs e DVDs a um custo menor em termos de hora trabalhada do que o País B. Isso é o que os economistas chamam de vantagem absoluta, e você poderia pensar que não existe razão para o País A comercializar.

Mas pense agora do ponto de vista do custo de oportunidade. O País A precisa abrir mão de 6 aparelhos de DVD para cada TV que fabrica, pois é o número de unidades que é capaz de fabricar no mesmo intervalo de tempo da fabricação de uma TV. Mas o País B precisa sacrificar 10 aparelhos de DVD para fabricar uma TV.

Ou seja, o custo de oportunidade de se fabricar uma TV no País A é de 6 aparelhos de DVD, enquanto o custo de oportunidade de se fabricar uma TV no País B é de 10 aparelhos de DVD. Isso mostra que o País A tem sobre o País B o que os economistas chamam de vantagem comparativa na fabricação de TVs, pois pode fabricá-las a um custo relativamente menor.

Da mesma forma, o País B tem uma vantagem comparativa na fabricação de aparelhos de DVD porque o custo de oportunidade para fabricar uma unidade é de 1/10 do de uma TV, enquanto esse custo para o País A é de 1/6 de uma TV.

O princípio da vantagem comparativa

	Horas necessárias para produzir 1 unidade	**Custo de oportunidade**
País A		
TVs	30	6 aparelhos de DVD
Aparelhos de DVD	5	1/6 de uma TV
País B		
TVs	60	10 aparelhos de DVD
Aparelhos de DVD	6	1/10 de uma TV

QUEM VOCÊ PRECISA CONHECER

David Ricardo

As ideias de David Ricardo tiveram um impacto enorme no pensamento econômico. Terceiro de dezessete filhos, Ricardo é de uma família judia de origem portuguesa. Nascido em Londres, seguiu os passos do pai, tornando-se um bem-sucedido corretor de valores. Acumulou uma enorme fortuna, em parte por ter apostado contra a vitória da França na Batalha de Waterloo, investindo em ações britânicas.

Mais tarde, Ricardo se tornou deputado e começou a publicar teses sobre economia que ainda exercem grande influência no pensamento moderno. Ele talvez seja mais conhecido por sua teoria da vantagem comparativa, exposta pela primeira vez em seu livro *Princípios de economia política e tributação*. De acordo com a teoria, mesmo que um país pudesse produzir todos os bens e serviços com mais eficiência do que outro, ele ainda poderia se beneficiar da especialização no que é capaz de produzir melhor. Os argumentos de Ricardo ainda são usados para a defesa do livre comércio.

Ele também deu origem ao termo "equivalência ricardiana", a teoria de que os cortes de impostos não afetam a economia presente, porque as pessoas ainda acreditam que terão que pagar por eles no futuro.

Ricardo também escreveu vários trabalhos sobre aluguéis, salários e lucros. Ele mencionou, por exemplo, que à medida que os salários reais aumentam os lucros reais caem, pois a receita das vendas de produtos industrializados é dividida entre lucros e salários.

Ou seja, de acordo com o princípio da vantagem comparativa, o País A deve se especializar em TVs e o País B deve se especializar em aparelhos de DVD. Por exemplo, se o País A fabricar 10 TVs, ele deve abrir mão de 60 aparelhos de DVD. Mas, para fabricar 60 aparelhos de DVD, o País B deve abrir mão de 6 TVs. Então, se os dois países se especializarem, haverá mais TVs sem perda de aparelhos de DVD. Essas são as vantagens do comércio internacional.

Foi dessa forma que Ricardo provou que todos os países ganhariam com o comércio internacional, mesmo se um país tivesse vantagem absoluta na produção de todos os bens.

Enquanto o modelo de Ricardo levava em consideração as diferenças tecnológicas entre os países que os levava a ter vantagem comparativa em relação a outro, os economistas suecos Eli Heckscher e Bertil Ohlin propuseram uma teoria baseada no que os economistas chamam de fatores de produção de um país. Estes são os recursos que um país tem à disposição para fabricar produtos, como a quantidade de capital, mão de obra e terra. O modelo Heckscher-Ohlin, desenvolvido na década de 30, afirma que os países irão exportar produtos que utilizam os fatores de produção que têm em abundância e importar os produtos que dependem de recursos escassos.

Por exemplo, a Índia tem uma mão de obra maior e mais barata do que o Reino Unido. Mas o Reino Unido tem muito mais capital e maquinário por trabalhador, o que faz com que o custo relativo do capital seja menor. De acordo com o modelo Heckscher-Ohlin, então, faria sentido para o Reino Unido se especializar na fabricação de produtos de capital intensivo ou que requerem bastante maquinário. A Índia, por outro lado, estaria melhor exportando bens que sejam mais intensivos de mão de obra, visto que é o que ela tem de maior oferta.

É claro, o mundo não é tão simples como os modelos de dois países e dois produtos que estivemos examinando. Ainda assim, os princípios podem ser estendidos a muitos países. Basta pensar no País A como um país e o País B como o resto do mundo. O conceito também pode ser aplicado a muitos bens que são arranjados de acordo com a vantagem comparativa de cada um.

No entanto, há mais imperfeições do que isso, pois a teoria da vantagem comparativa pressupõe que haja um mercado perfeito. Na realidade, os preços e salários podem levar muito tempo para se ajustarem. O modelo também não leva em consideração o ciclo econômico (a noção de que as economias aceleram e desaceleram ao longo de determinado período). Também não é considerado o efeito de diferentes pessoas ou setores na economia.

Por exemplo, um país pode se beneficiar de forma geral do comércio se importar brinquedos de outro país onde eles são fabricados a um custo menor. Mas isso ainda poderia obrigar os fabricantes locais de brinquedos a sair do ramo, e eles não irão necessariamente ser capazes de transferir suas habilidades para outra indústria. Ainda assim, a teoria da vantagem comparativa fornece um ponto de referência útil até hoje, por levar em consideração os benefícios do comércio internacional.

O BALANÇO DE PAGAMENTOS

A maioria das economias modernas é classificada como economia aberta, pois permite o comércio internacional. Uma forma de observar o quanto uma economia é aberta seria considerando o total que um país gasta em importações em relação às suas despesas totais (obviamente, isso foi afetado durante a crise financeira).

Isso nos leva à maneira como os economistas acompanham o que acontece com o comércio internacional. Há uma série de itens diferentes que juntos formam o que se conhece como balanço de pagamentos. Primeiramente, vamos ver o que é a balança comercial. A balança comercial é o valor das exportações menos importações. Os estatísticos somam o total das exportações de um país e subtraem dele o valor total das importações. Dessa forma, se um país exporta mais do que importa, a balança comercial será positiva. Isso é conhecido como superávit comercial. O inverso disso é o déficit comercial, quando o valor das importações excede o das exportações.

Os economistas também gostam de distinguir entre a balança comercial de produtos e a de serviços. A balança comercial de produtos é relativamente simples. Ela mede as exportações e importações de mercadorias, que pode incluir matérias-primas, como petróleo, ou produtos manufaturados, como brinquedos e carros. Os bens ou mercadorias também são às vezes chamados de visíveis, porque são itens palpáveis.

Isso os diferencia da balança de invisíveis, que é composta em grande parte do comércio de serviços. Ela envolve coisas como serviços bancários, seguros e até cortes de cabelo e podem, principalmente no mundo moderno, representar uma parcela considerável do comércio internacional. Por exemplo, o Reino Unido registra há vários anos um déficit comercial de produtos, pois tende a importar mais do que exportar. Essa é a provável consequência de um declínio de longo prazo na importância da manufatura. Mas ele tende a registrar um superávit na balança comercial de serviços, pois seus bancos e outras empresas do ramo financeiro estão vendendo seus serviços para fora.

Além da balança de produtos e serviços, a balança de pagamentos também inclui transferências unilaterais correntes. Há transações que não constituem pagamentos por produtos e serviços. Uma ajuda a outro país, por exemplo, entraria nessa categoria. Outro exemplo são os pagamentos que os países da União Europeia fazem para a manutenção do plano orçamentário do bloco.

Há também a renda oriunda de investimentos, que mede os rendimentos recebidos das aplicações estrangeiras, menos os rendimentos pagos a estrangeiros por seus investimentos no país. Juntos, esses quatro itens (bens, serviços, rendas e transferências) formam o que os economistas chamam de transações correntes do balanço de pagamentos. Se as transações correntes estiverem em superávit, significa que a renda do país supera os gastos. Se elas estiverem em déficit, significa que os gastos superam a renda.

A peça final do balanço de pagamentos é a conta capital. É nela que os economistas registram todas as transações financeiras internacionais. Por exemplo, se uma empresa do Reino Unido adquire uma empresa francesa, isso terá que constar na conta capital. O mesmo vai acontecer se investidores japoneses comprarem títulos públicos ou ações de empresas do Reino Unido.

A soma das contas capital e de transações correntes é chamada de balanço de pagamentos e tecnicamente deve ser zero. Pense no superávit das transações correntes como uma poupança nacional, pois representa a quantidade de renda que excede as despesas. Um déficit, por outro lado, significa que há uma insuficiência de caixa. Ou seja, esse déficit terá que ser coberto por meio de um empréstimo ou da venda de parte do patrimônio. Qualquer que seja a opção, isso deverá constar na conta capital, que mede as transações financeiras.

Suponha que os EUA tenham um déficit de conta-corrente de US$ 100 bilhões, talvez porque estejam importando mais do que exportando. Para fechar essa lacuna, eles terão que pegar dinheiro emprestado ou vender alguns bens. Qualquer dessas alternativas será registrada como um crédito na conta capital, pois o país estará recebendo dinheiro.

Essa é a razão pela qual a conta capital deve ser de soma zero. É claro que na prática a soma não irá sair exatamente assim por causa dos erros de registro. O saldo residual costuma ser chamado de "erros e omissões".

Pode-se ver pela tabela a seguir como se forma o balanço de pagamentos. Ao somar a balança de bens e serviços com as transferências financeiras e a renda de investimentos, você terá as transações correntes. A contrapartida então garante que a soma das transações correntes e a conta capital seja zero.

Os mercados financeiros tendem a focar tanto nos números da balança comercial de produtos e nos mais amplos das transações

O balanço de pagamentos

	Balança comercial de produtos	**-20**
mais	Balança comercial de serviços	4
mais	Transferências unilaterais correntes	2
mais	Renda de investimentos	6
igual	TRANSAÇÕES CORRENTES	-8
igual	CONTA CAPITAL	5
mais	Erros e omissões	3
	BALANÇO DE PAGAMENTOS	0

correntes pois os dois podem exercer uma influência considerável na taxa de juros. Ambos também podem ser politicamente sensíveis. Embora o balanço seja o registro das contas de um país com o resto do mundo, o detalhamento dos dados publicados pelos institutos de estatísticas irá mostrar com frequência a sua posição com países em particular. Então, por exemplo, podemos querer observar a balança comercial bilateral entre EUA e China ou a balança comercial do Reino Unido apenas com os países da União Europeia.

MOEDAS E COMÉRCIO

Nenhuma discussão sobre comércio estaria completa se não envolvesse as divisas. As taxas de câmbio têm grande influência nos padrões de comércio de um país e também são influenciadas por eles. O pagamento em diferentes moedas é um fator determinante na maioria das transações internacionais fora dos blocos monetários, como a zona do euro, onde todos os países utilizam a mesma moeda.

A taxa de câmbio é o preço de uma moeda em relação a outra. Suponha que haja uma empresa do Reino Unido importando vinho da França. Ela precisa saber quantos euros conseguirá comprar com suas libras, e a empresa francesa precisa saber quantas libras conseguirá comprar com seus euros.

Agora, suponha que a taxa de câmbio comece com uma libra comprando 1,50 euros, e a garrafa de vinho francês custe 5 euros. Isso irá custar para empresa do Reino Unido £ 3,33. Suponha agora que haja um aumento do valor da libra (apreciação). Agora ela pode comprar 1,75 euros. Isso significa que a empresa do Reino Unido poderá comprar a mesma garrafa de vinho por £2,85. A garrafa de vinho ficou mais barata para a empresa britânica, e agora ela poderá comprar mais vinho com a mesma quantidade de dinheiro, aumentando assim a demanda internacional por vinho francês. Agora, suponha que em vez disso a libra tenha caído de valor (depreciado) para 1,25 euros. Isso torna a garrafa de vinho mais cara (4 libras), o que fará com que a demanda internacional pelo vinho francês caia.

Você pode ver do exemplo acima que a taxa de câmbio pode ter efeitos reais na demanda por mercadorias. Quando o valor da moeda de um país sobe, isso torna as importações mais baratas, aumentando a demanda por elas. Mas, se o valor da moeda cai, as importações se tornam mais caras e, portanto, menos desejadas. Da mesma forma, um país verá a demanda por suas exportações aumentar se a sua moeda enfraquecer e vice-versa.

Ou seja, uma queda na taxa de câmbio de um país deverá aumentar o superávit e reduzir o déficit, pois irá reduzir as importações e aumentar as exportações. Um aumento na taxa de câmbio, por outro lado, deve aumentar o déficit ou reduzir o superávit, pois irá aumentar as importações e reduzir as exportações.

VOLTANDO AO EQUILÍBRIO

As economias mais avançadas, como as do Reino Unido e dos EUA, adotam o que os economistas chamam de taxa de câmbio flutuante. Isso quer dizer que o seu valor é determinado pela oferta e demanda, sem intervenção do governo. Alguns países, no entanto, optam pelo que se conhece por taxa de câmbio fixa. Sob um regime de câmbio fixo, o governo ou o banco central se compromete em manter determinada taxa ou intervalo para a sua moeda em relação à moeda de outro país.

Ele irá, portanto, comprar e vender sua moeda para tentar preservar aquela taxa. Dessa forma, se as pessoas estão vendendo sua moeda a tal ponto que derrube seu valor abaixo da taxa fixa, então o banco central irá intervir e comprar a moeda necessária para mantê-la dentro da taxa fixada.

Obviamente, há ocasiões em que pode não ser viável para o governo manter uma taxa de câmbio fixa, apesar da sua intervenção. Em setembro de 1992, a Inglaterra era membro do Mecanismo Europeu de Taxas de Câmbio (MTC), o sistema de câmbio fixo que precedeu a implantação do euro em 1999. Isso significava que o valor da libra era fixado a outras moedas no MTC. Mas os corretores nos mercados de divisas continuavam vendendo a libra, pois estavam convencidos de que a taxa de câmbio fixa não se manteria, forçando seu valor para baixo. O Banco da Inglaterra gastou bilhões tentando defender o valor da libra, mas no fim o governo teve que admitir a derrota e sair do MTC.

E, por último, alguns países podem adotar o que se conhece por flutuação controlada do câmbio. Nesse regime, o governo e o banco central podem intervir regularmente no mercado de divisas, talvez para evitar que se valorize demais e frustre a expectativa dos exportadores, mas não há taxa fixa.

Vimos anteriormente como o valor do câmbio pode afetar a balança comercial ou as transações correntes. Mas estas também geram efeitos consideráveis na taxa de câmbio.

Imagine que existam apenas dois países: EUA e Japão. Os dois países possuem a própria taxa de câmbio: o dólar e o iene. Agora, suponha que os EUA estejam registrando um déficit comercial, o que quer dizer que suas importações do Japão estão excedendo suas exportações para ele. As empresas americanas precisam vender mais dólares para receber ienes do que as japonesas precisam comprar dólares para pagar por suas importações de produtos americanos. Isso significa que há uma oferta excedente de dólares e uma demanda excedente de ienes. Como já vimos diversas vezes, o preço de tudo é determinado pela oferta e demanda. Então não seria surpresa se o valor do dólar caísse em relação ao iene.

Resumindo: se um país registra um déficit de transações correntes, haverá uma depreciação ou perda de valor da sua moeda, pois isso sugere que há um excesso de disponibilidade desta, uma vez que o volume de moeda saindo do país ultrapassa o que entra. Da mesma forma, se um país registra um superávit, haverá uma apreciação ou um aumento do valor de sua moeda.

Na teoria econômica, em um mundo onde a taxa de câmbio é flutuante, ela acabará restaurando os déficits e superávits para um ponto de equilíbrio. Para enxergarmos isso, vamos voltar ao exemplo dos EUA e Japão. A queda no valor do dólar tornará as importações do Japão mais caras. Os EUA irão, portanto, reduzir suas importações. Ao mesmo tempo, as exportações para o Japão se tornarão mais baratas. O Japão irá aumentar sua compra de produtos importados. Isso irá reduzir o déficit comercial até que ele chegue a um equilíbrio.

Mas na realidade a vida é muito mais complicada. As empresas podem levar um longo período para se ajustar à quantidade de bens que elas compram ou vendem devido a mudanças na taxa de câmbio. De fato, é possível que, se a moeda depreciar, a balança comercial irá inicialmente cair. Isso acontece porque o efeito imediato da depreciação da moeda é tornar as importações mais caras, e as exportações inicialmente serão vendidas por uma quantidade menor de moeda estrangeira, enquanto o volume comercializado inicialmente será o mesmo.

Os efeitos de uma mudança repentina: a curva J

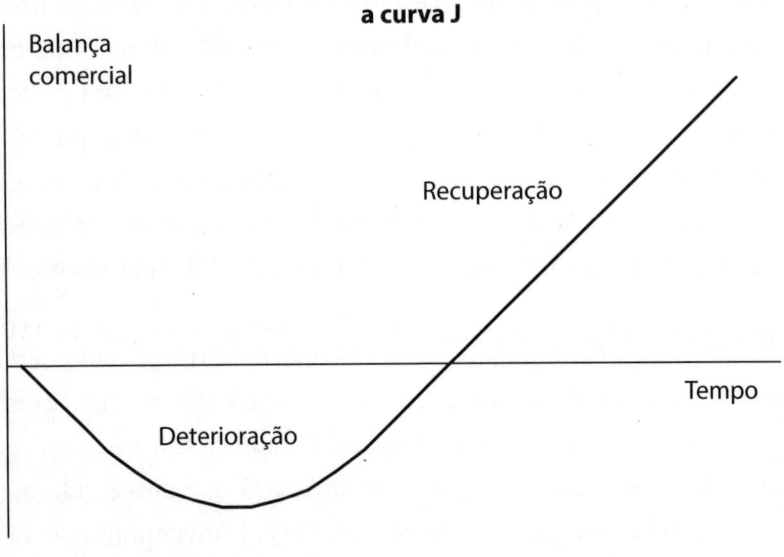

Os economistas chamam isso de curva em J (gráfico acima), pois a balança comercial inicialmente cai quando a moeda se desvaloriza, mas depois começa a subir, à medida que as empresas ajustam a quantidade de importações e exportações sendo compradas ou vendidas.

As empresas também podem tentar compensar sua vulnerabilidade a flutuações da moeda. Isso envolve assumir posição num mercado para se proteger de perdas em outro. As empresas podem, por exemplo, estipular a taxa de câmbio para uma transação que ocorrerá no futuro (isso é conhecido por contrato a termo).

Além do mais, o valor das moedas no mundo moderno é determinado no mercado global de divisas, onde alguns trilhões de dólares são movimentados todos os dias úteis. Os corretores que operam nas grandes instituições financeiras podem comprar e vender títulos de todas as partes do mundo com um simples apertar de botão.

Por causa disso, mudanças no valor da taxa de câmbio tendem a ser influenciadas muito mais pelas transações financeiras. Suponha que um banco americano queira comprar ações de empresas japonesas. Ele precisará de ienes para fazer isso e venderá dólares em troca. O efeito será o de reduzir o valor do dólar em relação ao iene.

Hoje em dia, movimentar capital livremente pelo mundo significa que os países podem registrar déficits de transações correntes indefinidamente, enquanto as lacunas estiverem sendo financiadas por um superávit na conta capital.

Os Estados Unidos são um bom exemplo disso. Eles registram déficits de transações correntes há muito tempo, pois suas importações

Déficit de transações correntes dos EUA em porcentagem do PIB

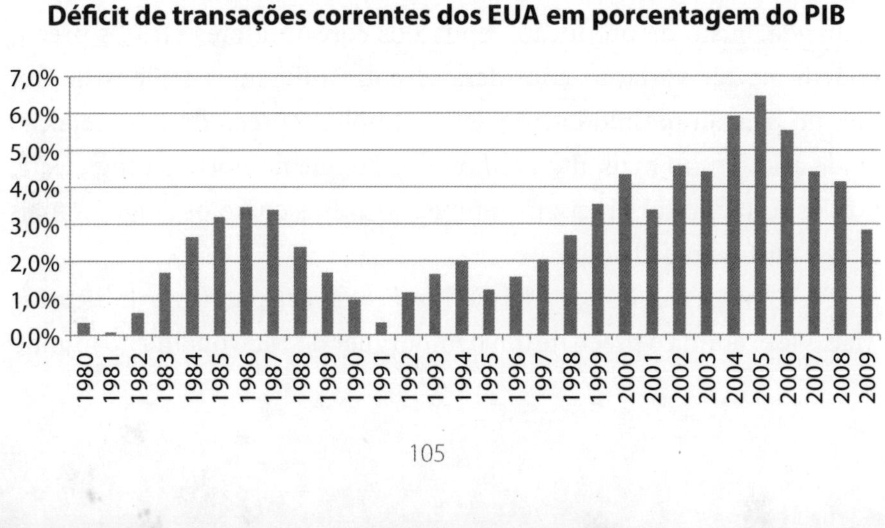

excedem amplamente as exportações. De certa forma, isso é viver além dos seus próprios meios. Você poderia esperar que essa situação resultasse em uma oferta excedente de dólares disponíveis no mercado, o que iria então forçar o dólar para baixo.

Mas lembre-se de que as contas financeiras são o espelho das transações correntes. As pessoas fora dos EUA, principalmente na China, estão usando seu superávit para comprar títulos do tesouro americano. Os países com superávit de transações correntes, como a China, portanto, estão financiando o déficit de transações correntes dos EUA.

PARIDADE DO PODER DE COMPRA

A taxa de câmbio pode ser determinada pela oferta e demanda, mas como saberemos qual é o valor justo para qualquer moeda? Os economistas gostam de utilizar um conceito chamado paridade do poder de compra (PPC) para avaliar o valor relativo das moedas. Ela examina o poder de compra de uma moeda de maneira que, se um item custa £ 10 no Reino Unido e US$ 20 nos EUA, a taxa de câmbio de mercado deverá ser de US$ 2 para cada libra, de acordo com a teoria da PPC, que obviamente não compara somente dois preços, mas vários.

Na verdade, porém, os preços de um mesmo produto podem variar espantosamente entre diferentes países dependendo da sua oferta, demanda, custo de produção, renda dos consumidores etc. Os preços podem até ter variação considerável entre diferentes regiões de um mesmo país ou mesmo cidade. Por exemplo, o preço de uma refeição tende a ser muito mais alto em Londres do que no norte da Inglaterra, pois os restaurantes precisam compensar coisas como os aluguéis mais altos e custos trabalhistas.

Para contornar isso, a revista *The Economist* publica o Índice Big Mac. Ele examina o preço de um hambúrguer do McDonald's no mundo para fazer uma avaliação do preço de mercado da moeda, considerando que o Big Mac é um produto genérico e disponível internacionalmente.

Dessa forma, se o Big Mac custa US$ 3 nos EUA e £ 2 no Reino Unido, então a taxa de câmbio pode ser determinada como £ 1 por US$ 1,50. No entanto, até essa abordagem tem limitações, pois os hambúrgueres do McDonald's são considerados acessíveis na maioria dos países do ocidente, mas são itens de luxo em alguns países em desenvolvimento. Por exemplo, os restaurantes McDonald's da Índia geralmente só são encontrados nas áreas comerciais mais sofisticadas, pois sua clientela tende a ser de jovens mais abastados.

A CRISE ASIÁTICA

Vimos anteriormente que um país pode registrar um déficit de transações correntes ou comercial enquanto os investidores estrangeiros estiverem dispostos a financiar esse déficit emprestando dinheiro. Mas isso significa que os países podem passar a ser dependentes desses recursos. Os EUA, portanto, precisam que a China continue comprando seus títulos públicos. Se a China parasse de comprar os títulos americanos, o resultado seria uma queda no valor do dólar.

A crise financeira asiática de 1997 é uma lição do que acontece quando o fluxo de capital seca. A Tailândia então se tornou vítima do que os economistas chamam de crise cambial.

Durante toda a década de 90, economias asiáticas como Tailândia, Coreia do Sul e Indonésia eram extremamente bem-sucedidas e tinham forte crescimento. Mas elas também estavam registrando grandes déficits de transações correntes enquanto extraoficialmente ancoravam suas moedas ao dólar. Durante esse tempo, elas experimentaram uma forte entrada de recursos à medida que procuravam financiamento estrangeiro para a sua expansão.

Como as suas taxas de câmbio estavam indexadas ao dólar, as economias asiáticas se beneficiaram do enfraquecimento da moeda americana no início da década de 90. Isso significava que sua moeda estava mais fraca do que o iene japonês, principal moeda de intercâmbio da região, e assim fizeram suas exportações dispararem. Mas, quando a tendência do dólar mudou em 1995, eles viram sua moeda se valorizar em relação ao iene, reduzindo sua cota de mercado em um momento em que o déficit de transações correntes já estava bastante alto.

O fluxo de capital começou a cair quando as taxas de juros nos EUA passaram a atrair mais recursos para lá. A moeda tailandesa, que estava anexada ao dólar, sofria particular pressão dos especuladores para se desvalorizar. As autoridades, então, tiveram que aumentar as taxas de juros para evitar a fuga de capitais da economia. Isso prejudicou a economia ainda mais, e as falências aumentaram até que as autoridades não puderam mais manter a indexação do câmbio ao dólar em julho de 1997.

O resultado foi uma baixa instantânea no valor da moeda. Isso resultou em que a dívida externa do país ficou ainda mais alta em termos de moeda nacional, gerando ainda mais moratórias e falências. A crise então se espalhou para outros países asiáticos, fazendo com que algumas moedas perdessem até metade do seu valor.

O Fundo Monetário Internacional (FMI) estabeleceu pacotes de resgate para os países afetados, porém exigiu condições rígidas, como maiores taxas de juros, para restaurar a confiança na moeda doméstica. As medidas foram vistas como controversas, pois alguns economistas argumentaram que elas agravaram as recessões nesses países.

PROTECIONISMO

A crise asiática levou muitas pessoas a criticar a especulação nos mercados financeiros. A culpa acabou sobrando para o chamado "hot money", que circulava livremente de um mercado de capitais para outro. Alguns argumentavam que era preciso criar controles maiores para evitar fluxos tão voláteis.

Verdade ou não, as recessões costumam gerar clamores por mais protecionismo na política comercial. Embora os economistas argumentem que o comércio e os mercados abertos são benéficos para a economia mundial de forma geral, pode ser o caso em que nem todo mundo sai ganhando. Por exemplo, os americanos podem se beneficiar de roupas mais baratas da China, porém os trabalhadores que costumavam fabricar essas roupas nos EUA podem perder seus empregos.

Os governos, portanto, criam restrições para proteger indústrias ou grupos em particular. As mais comuns são tarifas ou impostos sobre importação. Ao criar impostos sobre determinados produtos importados, os governos podem torná-los mais caros na esperança de reduzir a demanda pelas importações e migrá-la para os produtos de fabricação interna.

QUEM VOCÊ PRECISA CONHECER

Paul Krugman

Paul Krugman, professor da Universidade de Princeton, cresceu em Nova Iorque e estudou na Universidade de Yale antes de obter seu PhD pelo Instituto de Tecnologia de Massachusetts em 1977. Lecionou na instituição e também na London School of Economics, na Universidade de Stanford e na Universidade da Califórnia em Berkeley.

Autor de vinte livros, Krugman também escreve uma coluna regular no *New York Times* sobre política e economia atual. Seu blog também é amplamente lido, tornando-o um dos economistas mais conhecidos da atualidade.

Krugman ganhou um Prêmio Nobel em 2008 por sua contribuição à teoria do comércio internacional. Ele argumentou que a teoria de Ricardo sobre vantagem comparativa, em que cada país se especializa no produto que pode produzir a um preço mais baixo, não captava por completo as razões para a produção no comércio internacional. Krugman argumentou que as preferências por marcas também desempenhavam seu papel e que os países iriam produzir aqueles produtos que lhes permitissem economias de escala ou cuja produção em massa era mais barata.

Durante a crise asiática de 1997, Krugman defendeu controles cambiais como uma forma de mitigar a crise. Apenas a Malásia seguiu essa orientação, e o seu governo considera que a política ajudou o país durante a crise. Krugman também foi um duro crítico do ex-presidente americano George W. Bush. Seu best-seller *A desintegração americana* argumenta que os grandes déficits da administração Bush no início dos anos 2000 eram insustentáveis e iriam eventualmente gerar uma grande crise econômica.

A Índia, por exemplo, tem impostos de mais de 100% sobre o valor de vinhos e destilados importados. Isso significa que, se uma garrafa de uísque geralmente custa £ 10, os impostos iriam acrescentar pelo menos mais £ 10. Isso faz com que os destilados importados na Índia se tornem muito caros comparados às bebidas alcoólicas locais. Os consumidores, portanto, estarão mais suscetíveis a escolher os destilados produzidos na Índia aos importados, protegendo os empregos e as empresas locais.

Dentre os argumentos feitos em favor das tarifas, geralmente está o de que elas são necessárias para proteger estilos de vida ou artesanato específicos; que elas estimulam indústrias iniciantes; e que elas garantem que os recursos escassos dos países pobres não sejam desperdiçados em itens de luxo. No entanto, se todos os países tentassem proteger sua indústria doméstica, haveria menos comércio internacional, e a economia mundial sairia perdendo.

QUEM DISSE

"A filosofia do protecionismo é a filosofia da guerra."
Ludwig von Mises

As cotas são outra forma de política comercial protecionista. Nesse caso há um limite, ou cota, imposto na quantidade de bens que podem ser importados. Isso também tem o efeito de aumentar o preço interno do produto importado, porque há uma restrição da sua oferta. A União Europeia, por exemplo, impõe teto para a importação de aves.

Outro exemplo de como as importações podem ser restringidas é por meio de barreiras não tarifárias. São procedimentos como o tempo de espera para liberação das importações pela alfândega, o que as torna menos atrativas. O governo pode exigir que os produtos atendam a especificações das quais os produtores estrangeiros estejam menos cientes ou às quais sejam incapazes de atender.

Os governos podem também tentar dar suporte aos exportadores por meio de subsídios. São ajudas monetárias ou outra assistência do governo para as empresas domésticas que estejam competindo com empresas estrangeiras. Eles têm o efeito de baixar o preço que a empresa doméstica pode cobrar, para torná-la mais competitiva contra as empresas de fora. A Política Agrícola Comum da União Europeia é um exemplo de subsídio.

A gestão cambial pode ser outra maneira pela qual os governos podem aumentar suas exportações e reduzir as importações. Por exemplo, a China indexou sua moeda ao dólar. Muitos políticos americanos reclamaram que os chineses estavam se beneficiando indevidamente ao manter sua taxa de câmbio mais baixa do que deveria e com isso impulsionando suas exportações.

Mas o que impede os governos de sempre usar tarifas, cotas e subsídios para ajudar as próprias economias? De fato, havia uma escola de pensamento conhecida como mercantilismo, que se desenvolveu na Europa entre os séculos 16 e 18, que acreditava que os governos deveriam restringir as importações e estimular as exportações. No entanto, se todo mundo começasse a criar barreiras, não iria mais existir o comércio internacional. As guerras comerciais tornariam o mundo um lugar mais pobre.

ACORDOS DE COMÉRCIO GLOBAL

É aqui que entra a Organização Mundial do Comércio (OMC). Ela passou a existir oficialmente em 1995, quando substituiu o Acordo Geral de Tarifas e Comércio (General Agreement on Tariffs and Trade), estabelecido após a Segunda Guerra Mundial. O seu propósito é criar as regras para o sistema multilateral de comércio por meio de um conjunto de acordos aos quais a maioria das economias do mundo aderiu. Ela tem mais de 150 países membros e cobre 97% do comércio mundial.

Desde 2001, a OMC vem tentando estabelecer um acordo comercial global chamado Rodada de Doha, que tem o nome da cidade em Qatar, onde aconteceu a primeira reunião. O propósito declarado é de espalhar os benefícios da globalização para os países mais pobres e reduzir barreiras comerciais. O debate foi bastante controverso, no entanto, com os países desenvolvidos e em desenvolvimento vendo dificuldades em estabelecer um entendimento comum a respeito de uma série de questões, como os subsídios agrícolas no mundo desenvolvido.

Instabilidades globais são outra questão para a qual os formuladores de políticas não foram capazes de encontrar uma solução satisfatória.

Com isso, eles querem dizer que alguns países, como os EUA, têm enormes déficits de transações correntes que são equiparados a superávits de transações correntes igualmente altos em países como a China.

Muitos economistas dizem que essa é uma situação que não pode durar indefinidamente, além de tornar o mundo mais suscetível a crises, pois depende excessivamente do consumidor americano. Até o momento, houve pouco progresso no combate às instabilidades que se tornaram características da economia global por mais de uma década.

Apesar das preocupações, o comércio internacional continua melhorando as vidas de bilhões de pessoas no mundo, aumentando a riqueza da economia global. Para muitos países, ele continua sendo a única saída para a pobreza, e o incrível avanço de economias como Índia e China mostra quão poderosa uma força pode ser.

LEMBRE-SE DISTO

O comércio internacional é a compra e venda de produtos entre diferentes países. A balança comercial é a diferença entre exportações e importações. Um país pode registrar um déficit de transações correntes enquanto outros países estiverem dispostos a financiá-lo.

CAPÍTULO 5
MOEDA

DO QUE SE TRATA ➡

- Por que existe o dinheiro e como nós o medimos
- O que afeta a quantidade de dinheiro que as pessoas retêm
- De onde vem a moeda e como os bancos podem "criá-la"
- A relação entre moeda, atividade e inflação
- Quem está tomando dinheiro emprestado e quem está poupando
- A importância dos empréstimos para a economia e a contração do crédito

POR QUE EXISTE O DINHEIRO?

Antes de tudo, essa pergunta pode parecer estranha. Certamente está claro o que é o dinheiro: são as notas e moedas que carregamos no bolso para comprar bens e serviços nas lojas, assim como o dinheiro que mantemos em nossas contas bancárias. Embora isso seja verdade, acontece que há muito mais coisas envolvidas na definição de dinheiro.

Nem sempre foi o caso de você poder puxar uma nota de 20, um cartão de crédito ou débito e pagar pelo que você quer. Antes de existir o dinheiro, as pessoas costumavam comercializar umas com as outras por um sistema de escambo: oferecer algo que se tem em troca de pertences de outras pessoas. O problema com esse sistema era o que foi chamado de "dupla coincidência de desejos": não apenas você precisa encontrar uma pessoa que possui o que você quer, mas que também queira o que você tem a oferecer.

Portanto, uma das funções-chave do dinheiro é operar como um "meio de troca". O segundo propósito do dinheiro é ele ser uma "unidade de conta", permitindo que possamos julgar o preço de bens e serviços pelo mesmo padrão; ou seja, em termos de reais no Brasil, dólares nos Estados Unidos e euros na Europa. Terceiro, ele é uma "reserva de valor", podemos ganhar dinheiro agora e guardá-lo para gastar em uma data futura. Quando uma economia tem uma alta taxa de inflação, essa função pode ser minada, porque ao longo do tempo o dinheiro valerá menos em termos de bens e serviços que pode comprar. E, finalmente, o dinheiro é um "padrão de pagamento diferido", o que quer dizer simplesmente que podemos utilizá-lo para quitar dívidas futuras (o que é uma função similar à de reserva de valor).

No passado, o próprio dinheiro costumava valer algo; os materiais que eram usados para criar moedas eram coisas como ouro e prata, que têm valor intrínseco. O problema disso é que as pessoas costumavam fraudar o sistema através do "cerceio" (raspagem das moedas) ou do "aviltamento" (falsificação de moedas com uma proporção menor de ouro ou prata).

Desde então, percorremos um longo caminho. Uma das razões para esse sistema ter sido substituído pelo papel-moeda é que era incômodo sair carregando pesadas moedas de ouro. Em vez disso, as pessoas começaram a depositar o seu pesado ouro em bancos e receberem em troca recibos com a promessa de devolver ao portador aquele depósito específico em ouro. Esses certificados podiam então ser usados para pagar por bens e serviços de maneira mais prática do que utilizando o próprio ouro.

Um certificado de ouro

Houve mais um passo importante no caminho para esse sistema se tornar o que conhecemos hoje. Os bancos que seguravam os depósitos em ouro para seus donos se deram conta de que era um desperdício ter um estoque tão grande de ouro parado, principalmente porque poucos eram os proprietários que resgatavam seus certificados em qualquer dado momento. Então o que eles começaram a fazer foi emitir mais certificados do que o ouro que mantinham em estoque; ou seja, eles começaram a emprestar ouro. Enquanto as pessoas em posse dos certificados não quisessem o ouro de volta todas ao mesmo tempo, o sistema iria funcionar.

Não há muito tempo os países operavam esse sistema: o "padrão ouro", em que os governos prometiam trocar o dinheiro por ouro em uma data predefinida (mesmo não tendo ouro suficiente para garantir todos os certificados que haviam emitido), existiu até o início da década de 70.

O que opera agora é um sistema chamado de "moeda fiduciária". As cédulas e moedas no seu bolso e os saldos nas suas contas bancárias não têm valor intrínseco e não podem ser convertidos em ouro em alguma data predefinida. Em vez disso, as pessoas confiam que o banco central não irá emitir moeda em excesso, de outra forma ela perderia todo o seu valor comercial no futuro com o aumento dos preços. Essa é a razão pela qual alcançar uma inflação baixa e estável é tão importante.

O QUE É O DINHEIRO HOJE?

A maioria dos países publica agregados monetários mensais, que medem a quantidade de moeda na economia. Podemos definir o que chamamos de agregados monetários de uma série de maneiras, a começar por um conceito restrito de cédulas e moedas a outros mais amplos que incluem diversos tipos de depósito bancário. Essas classificações vão de M0 a M4, como mostra o próximo gráfico. Elas nem sempre são exatamente iguais em todos os países; o que fizemos nesse gráfico foi mostrar quais são as classificações mais comuns pelo mundo.

O conceito mais restrito é a chamada "base monetária", também conhecida por M0. Ela se compõe de todas as cédulas e moedas em circulação pública, o dinheiro nos cofres dos bancos e os depósitos em espécie (chamados de encaixes) mantidos pelos bancos comerciais e pelo banco central. As pessoas costumam guardar consigo cédulas e moedas para uso diário ao comprar bens e serviços, mas, em função do uso cada vez maior de cartões de crédito e débito, o volume relativo (ou relevância) do dinheiro em espécie caiu nos últimos anos.

A velocidade com que a retenção de moeda cresce em uma economia é importante porque ela pode fornecer pistas sobre a saúde da economia.

Agregados monetários

CONCEITO RESTRITO — MAIS LÍQUIDO

M0 – conceito restrito ou base monetária

cédulas e moedas em circulação ou nos cofres dos bancos, mais depósito compulsório dos bancos junto ao banco central

M1

M0 + depósitos à vista

M2

M1 + depósitos especiais remunerados + depósitos de poupança + títulos emitidos por instituições depositárias

M3

M2 + quotas de fundos de renda fixa + operações compromissadas registradas no Selic

M4

M3 + títulos públicos de alta liquidez

CONCEITO AMPLO — MENOS LÍQUIDO

Isso por sua vez pode influenciar a taxa de inflação, por isso os bancos centrais (a maioria dos quais tenta controlar a inflação) têm um cuidado especial com a moeda. São poucos os bancos centrais que publicam a lista completa de agregados monetários mostrada no gráfico acima, O Banco Central Europeu (BCE) enfatiza mais detalhadamente o M3, o Banco da Inglaterra o M4 e o Federal Reserve americano os M1 e M2.

Quando as pessoas mudam suas preferências quanto ao tempo que querem seu dinheiro nas contas bancárias, isso pode mudar a quantidade de moeda em cada um desses conceitos que vimos acima. Por exemplo, se as pessoas decidissem transferir seu dinheiro de contas poupança de baixo rendimento para contas de depósito a prazo, que remuneram melhor, não haveria impacto nos agregados monetários amplos (pois eles incluem ambos), mas os mais restritos iriam cair.

DEMANDA DE MOEDA – AS RAZÕES PARA RETER MOEDA

Falamos, então, sobre os variados conceitos de moeda, mas quem retém todo esse dinheiro e por quê? Os principais portadores de moeda no setor privado são indivíduos, empresas e prestadores de serviços financeiros, como os bancos. O governo também retém saldos em moeda na forma de receita tributária, que acabam sendo redistribuídos através da economia quando o governo os utiliza (em benefícios, por exemplo).

Existem três principais motivos para as famílias reterem moeda, conforme identificado originalmente por John Maynard Keynes na década de 30. Primeiro, há o motivo da transação. As pessoas guardam dinheiro nas carteiras/bolsas e em suas contas bancárias para que possam fazer suas compras diárias e economizar para itens maiores. O segundo é o da precaução. Esse é o dinheiro que as pessoas deixam separado para o caso de uma emergência. E, por último, há o da especulação. Você pode querer manter sua riqueza na forma de moeda porque teme um prejuízo financeiro caso mantenha ativos como imóveis ou ações (ambos de menor liquidez do que a moeda ou, em outras palavras, que levam mais tempo para se converterem em dinheiro vivo).

OFERTA DE MOEDA E A GERAÇÃO DE CRÉDITO

Essa é a demanda por moeda, mas de onde ela vem? Em outras palavras, onde está a oferta? Bem, a resposta mais simples é que os governos e os bancos centrais podem aumentar o volume de moeda em uma economia, se desejarem, simplesmente imprimindo ou cunhando mais cédulas e moedas. Abordaremos mais esse assunto, no capítulo sobre os bancos centrais. Mas essa é apenas metade da história.

O governo/banco central não é a única fonte de oferta de moeda. Lembre-se de que quando examinamos os agregados monetários mais cedo neste capítulo vimos que eles podem existir tanto na forma de cédulas e moedas quanto na forma de contas bancárias. E acontece que o volume de moeda mantido em contas bancárias também pode ser expandido, mesmo se o banco central não expandir o volume físico de cédulas e moedas. Mas como os bancos podem criar moeda com uma simples canetada ou apertar de botão?

Quando os bancos captam depósitos de pessoas e empresas em uma economia, não mantêm a maior parte desses depósitos à disposição imediata. De forma parecida com os bancos que captavam depósitos em ouro que vimos no início deste capítulo, os bancos modernos aprenderam que nem todo mundo quer seu dinheiro de volta ao mesmo tempo. O que eles fazem, portanto, é manter uma porção bem pequena daquele dinheiro depositado (geralmente menos de 5%) disponível para devolver, se necessário (os chamados "recolhimentos compulsórios, encaixe e direcionamentos obrigatórios"), e emprestam todo o restante. Afinal, para que deixar todo aquele dinheiro parado quando ele pode ser emprestado e render juros?

Por uma questão de simplicidade, suponha que os bancos guardam 10% do dinheiro de cada depositante parado em seus cofres e emprestam 90%. Um novo cliente depositando R$ 100 no banco, portanto, geraria mais R$ 90 de repasse de empréstimo por parte da instituição. Mas o dinheiro que foi emprestado pelo banco é então gasto pelo mutuário, talvez em uma loja. O vendedor então deposita no banco seus R$ 90 a mais de lucro no fim do dia, e o banco faz exatamente a mesma coisa: mantém 10% (R$ 9) e empresta os outros 90% (R$ 81).

Esse processo continua e, ao se completar, há um total de R$ 1.000 de novos depósitos criados, incluindo o depósito original (ou seja, R$ 100 + R$ 90 + R$ 81 + R$ 73 + R$ 66...) – todos gerados por uma pessoa que começou indo a esse banco e depositando R$ 100. E, quanto menor for o recolhimento compulsório, maior será o volume de moeda que os bancos podem "criar" dessa maneira. Faça as contas você mesmo: em vez de considerar que o banco mantém 10% dos seus depósitos, considere 5% e você verá que, de um depósito inicial de R$ 100, a moeda na economia irá se expandir para R$ 2.000 (incluindo os R$ 100 iniciais). Como os depósitos são em moeda, mais moeda pode ser criada pelo simples fato de o banco emprestar seus depósitos. O volume de aumento de moeda em relação ao volume inicial de depósitos (nesses casos pelos fatores de 10 e 20) é o chamado multiplicador bancário.

O multiplicador bancário (10% depósito compulsório)

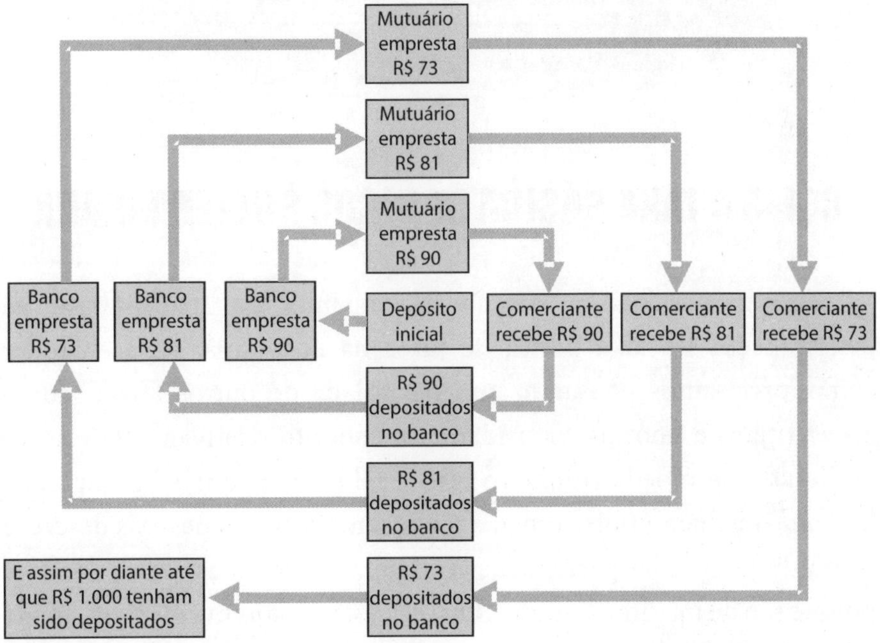

O que a criação de moeda faz é expandir os balanços patrimoniais dos bancos. O balanço patrimonial nos diz o quanto o banco está recebendo em depósitos (seu passivo) e o quanto é devido ao banco em empréstimos pessoais em circulação (o ativo). No exemplo acima, os bancos como um todo ganharam R$ 1.000 extras em passivo de depósitos, equiparado ao aumento do ativo de R$ 900 em empréstimos, mais R$ 100 em dinheiro nos cofres.

Outro ponto que vale a pena notar é que o multiplicador pode mudar e, de fato, muda consideravelmente ao longo do tempo; ele não é constante. Por exemplo, quando os bancos reduziram seus empréstimos durante a contração do crédito, o multiplicador desmoronou.

QUEM DISSE

"O processo pelo qual os bancos criam moeda é tão simples que pouca gente entende."
John Kenneth Galbraith

COMO A TAXA BÁSICA DE JUROS É DETERMINADA

Constatou-se que a moeda desempenha um papel-chave na determinação da taxa básica de juros na economia. Para entender como, precisamos pensar na moeda isolada de outros ativos, como ações, títulos e imóveis. Considere um conceito relativamente restrito ou líquido de moeda (dinheiro vivo e saldos em contas bancárias de liquidez imediata); pois, afinal, é o que a maioria das pessoas descreve como dinheiro. Eles geralmente rendem zero, ou quase zero, de juros porque são de máxima liquidez. Ou seja, estão disponíveis prontamente para uso.

Agora, imagine que as taxas de juros na economia como um todo estão altas demais. Em outras palavras, que os títulos da dívida pública e privada (títulos que garantem o pagamento aos credores de determinada quantia com vencimento determinado) oferecem um bom retorno. Você iria querer manter seu dinheiro em uma conta-corrente? A resposta naturalmente é não. Embora você não fosse, de fato, perder nada deixando seu dinheiro no banco, estaria perdendo um retorno melhor em outro lugar. Esse é um conceito que os economistas chamam de "custo de oportunidade". O inverso também é verdade: se as taxas de juros na economia forem baixas demais, você irá preferir guardar seu patrimônio na forma de dinheiro, pois com isso não estaria perdendo muita coisa.

Na verdade, a demanda por moeda depende de uma série de coisas, como o quanto as pessoas ganham e os preços dos bens e serviços, uma vez que ambos influenciam o volume de moeda que as pessoas guardam para comprar coisas. Mas, quando se trata da taxa básica de juros, as pessoas querem reter mais moeda quanto mais baixa ela for. Isso é mostrado pela linha descendente no gráfico abaixo. A taxa de juros deve se estabelecer em um nível que faça com que as pessoas detenham precisamente o volume fixo de moeda disponível na economia em qualquer dado momento.

Como a taxa básica de juros é determinada

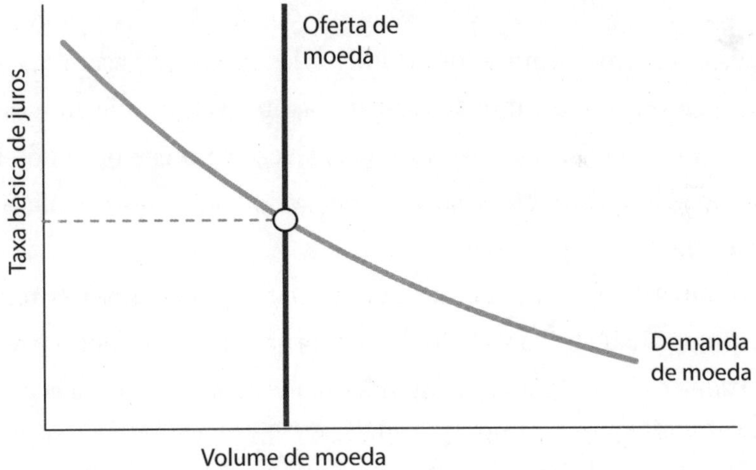

A TEORIA QUANTITATIVA DA MOEDA

A forma como o volume de moeda na economia muda pode ser uma influência importante para a velocidade com que a economia se

Teoria Quantitativa

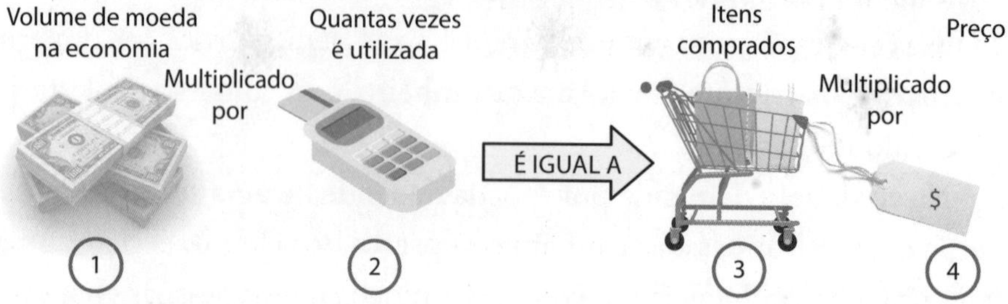

expande e como os preços sobem. A relação entre a moeda e o PIB nominal (ou seja, o volume de consumo) em uma economia é chamada de Teoria Quantitativa da Moeda. O que ela diz é: o volume de compras de bens e serviços em uma economia a cada ano deve ser igual ao volume de moeda disponível na economia multiplicado pelo número médio de vezes que ela é usada durante esse ano. Por exemplo, imagine uma economia bem pequena em que haja apenas uma nota de R$ 20 e que essa nota seja usada duas vezes ao longo do ano. Nesse caso, portanto, os bens e serviços comprados ao longo desse ano somaram R$ 40. O número de vezes que a moeda é utilizada, ou a velocidade com que ela se move entre pessoas e empresas (duas vezes, no exemplo anterior), é muito adequadamente chamada de "velocidade de circulação da moeda".

Podemos demonstrá-la graficamente no diagrama acima, conhecido como "equação de trocas". A razão que torna a Teoria Quantitativa tão importante é ela nos ajudar a entender o que acontece a uma economia quando o volume de moeda é alterado. Imagine que a velocidade com que a moeda circula na economia (representada pelo número 2 no diagrama acima) não se altera. Mais moeda (1) deve então gerar um aumento no lado direito da figura acima ou, em outras palavras, o volume gasto em bens e serviços na economia (3 vezes 4). Esse consumo maior significa uma de duas coisas (ou alguma combinação de ambas):

1. Um aumento no número de bens e serviços comprados (3), mas nenhuma alteração nos preços (4)
2. Nenhuma alteração no número de bens e serviços comprados (3), mas um crescimento nos preços (4)

QUEM VOCÊ PRECISA CONHECER

Irving Fisher

Irving Fisher é mais conhecido pelo seu trabalho sobre a moeda, as taxas de juros e seu impacto na economia. Ele foi o primeiro economista a distinguir entre juros nominais (as taxas usuais de depósito e empréstimo que vemos publicadas pelos bancos e por outras instituições financeiras) e as taxas de juros reais. A taxa de juro real é a taxa nominal corrigida pela inflação em uma economia. Ou seja, se os juros de depósitos forem de 5% e a inflação for de 2%, então a taxa real seria 3%. Nesse exemplo, seríamos capazes de comprar 3% mais bens e serviços se economizássemos por um ano. Fisher descreveu a desconsideração da taxa de inflação na tomada de decisões econômicas de "ilusão monetária".

Para ele, a ilusão monetária era responsável pelas oscilações cíclicas da economia. Um aumento tanto nos juros nominais quanto na inflação na mesma proporção deixaria as taxas de juros reais inalteradas, de maneira que, embora fosse mais custoso para uma empresa tomar empréstimos para investir, ao mesmo tempo ela iria receber mais pelos produtos que vendesse. Mas as empresas podem não se dar conta disso, e a sua ilusão monetária pode levá-las a reduzir a quantidade de empréstimos e gerar uma desaceleração na economia.

Fisher também considerou como a oferta e demanda de recursos financeiros iria influenciar as taxas de juros. A demanda por recursos financeiros irá depender da produtividade (quanto mais produtivos forem os investimentos de uma empresa, mais elas irão demandar empréstimos para investi-los). A oferta de recursos irá depender do quanto as famílias estão dispostas a economizar, o que por sua vez depende do quanto elas querem gastar agora e o quanto querem guardar para o futuro. As taxas de juros irão se mover a um nível em que tanto quem oferta quanto quem demanda recursos estará satisfeito.

A Teoria Quantitativa da Moeda, que vimos detalhadamente neste capítulo, deve sua existência a Irving Fisher, que demonstrou pela primeira vez, em 1911, a equação de trocas mostrada no gráfico anterior.

Os monetaristas costumam argumentar que o aumento do volume de moeda na economia não afeta a quantidade de vezes que ela é utilizada (2) nem o número de bens e serviços comprados (3), de maneira que um aumento do volume de moeda influenciaria diretamente o aumento dos preços na economia (4). Em outras palavras, a inflação pode ser causada pela quantidade de dinheiro circulando na economia. Afinal, se as pessoas retiverem mais dinheiro do que gostariam, a maneira de reduzir esse volume seria gastando-o, o que pressiona os preços para cima. Essa teoria está por trás da visão de mundo de um dos economistas mais famosos da modernidade: Milton Friedman.

QUEM DISSE

"A inflação é sempre, e em qualquer lugar, um fenômeno monetário."
Milton Friedman

A IMPORTÂNCIA DA MOEDA NA PRÁTICA

Nós estudamos a teoria, agora vamos observar a relação entre moeda, atividade e inflação no mundo real. O gráfico abaixo mostra como o conceito amplo de moeda no Reino Unido geralmente acompanha de perto tanto a inflação quanto o PIB nominal em um longo intervalo de tempo. As relações não são perfeitas, mas nem sempre é fácil dizer como a inflação irá se mover em decorrência de uma alteração na oferta de moeda. Citando Milton Friedman mais uma vez, o intervalo entre a mudança na oferta de moeda e na inflação pode ser "longo e variável".

Moeda, inflação e atividade econômica

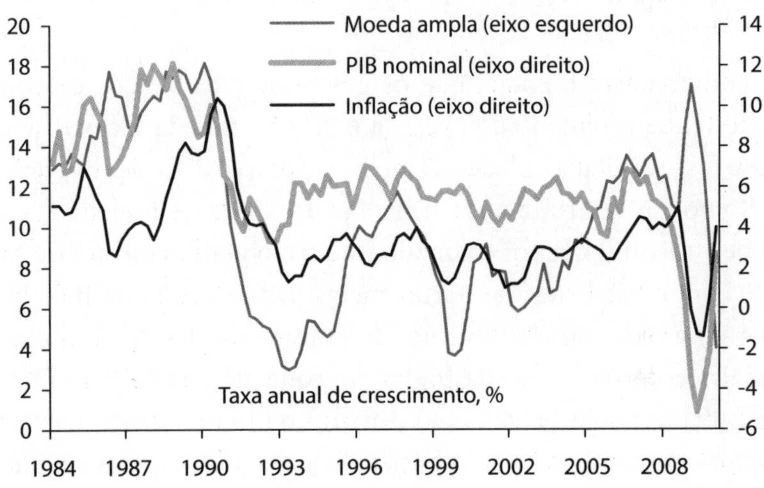

Vimos a relação entre moeda e inflação ao longo do tempo, mas como ela se apresenta entre os países? Poderíamos esperar que os países com as maiores taxas de expansão monetária também fossem os que tivessem as maiores taxas de inflação, baseado no que aprendemos até o momento neste capítulo. E de fato isso se confirma. Veja o gráfico de dispersão abaixo, que mostra como, em um período de dez anos, há uma relação positiva clara entre a expansão da moeda e a inflação.

Moeda e inflação de algumas economias avançadas na última década

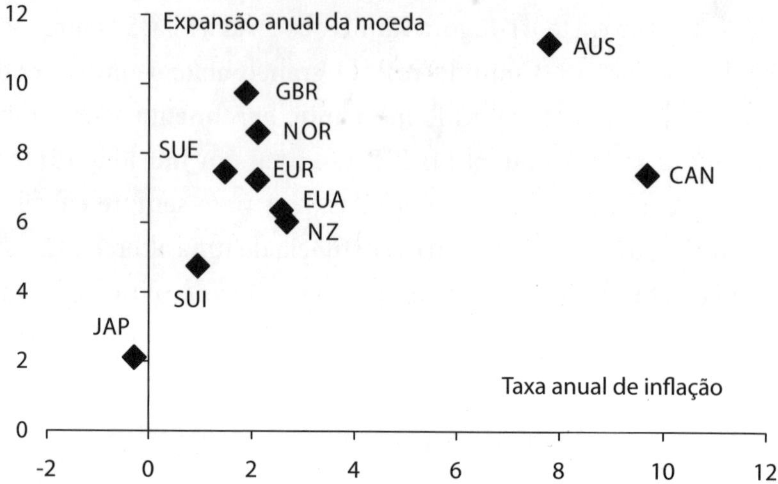

É compreensível, então, que os governos e os bancos centrais no passado tenham tentado controlar a oferta de moeda na esperança de que isso fosse limitar a inflação. O melhor exemplo disso é provavelmente o do Reino Unido trinta anos atrás. Em 1980, a recém-eleita Margaret Thatcher traçou o que foi chamado de Estratégia Financeira de Médio Prazo. Foram estabelecidas várias metas para a oferta de moeda, que formaram a base para as decisões de política monetária. Em especial, a maneira como o Banco da Inglaterra (que até aquele ponto não era independente do governo, como é agora) tentou controlar a expansão monetária aumentando a taxa básica de juros. Eles esperavam que isso fosse reduzir a demanda por empréstimos (uma vez que os empréstimos se tornariam mais caros) e consequentemente o ritmo com o qual os bancos criavam moeda.

Essa estratégia acabou sendo abandonada em 1986, porque se mostrou difícil demais para se alcançar. Lembre-se de que os bancos centrais controlam diretamente apenas uma pequena porção da oferta de moeda: a da base monetária (ou M0), por meio da emissão de papel-moeda. A criação de moeda pelos bancos comerciais era difícil de restringir, principalmente quando o governo estava simultaneamente tentando livrar o sistema bancário da camisa de força regulatória na qual operava anteriormente.

Hoje em dia, os bancos centrais não traçam mais metas para a oferta de moeda, mas focam diretamente na taxa de inflação. Apesar disso, a moeda continua sendo um indicador muito importante e é vigiada de perto pelos formuladores de políticas. Durante a última recessão, a taxa básica de juros foi reduzida a níveis tão baixos em muitos países que a única política que sobrou para os bancos centrais era aumentar a base monetária diretamente, na esperança de que as pessoas fossem gastá-la, estimulando assim a atividade econômica. Isso foi feito pelo Banco Central Europeu, pelo Banco da Inglaterra e pelo Federal Reserve, entre outros. Iremos examinar mais de perto o chamado "afrouxamento quantitativo" junto com a execução de política monetária de forma mais geral no capítulo sobre os bancos centrais.

OS TOMADORES DE EMPRÉSTIMO E OS POUPADORES

Aprendemos até agora que os intermediários financeiros, como os bancos, recebem depósitos de várias fontes, como famílias e empresas, que têm dinheiro suficiente e o emprestam para os que precisam. De fato, eles costumam emprestar um volume que excede bastante o que mantêm em dinheiro vivo.

No nosso exemplo anterior de criação de moeda, os próprios bancos agiam como intermediários. Eles não são nem devedores nem credores líquidos, pois o seu ativo financeiro (os empréstimos que fazem mais o dinheiro que mantêm nos cofres) é igual ao seu passivo (o dinheiro que devem às pessoas que depositaram dinheiro neles). As famílias são os devedores líquidos (tomaram dinheiro emprestado e o usaram para comprar bens e serviços) e as lojas os poupadores ou credores líquidos. Efetivamente, no nosso exemplo, eram os lojistas que financiavam o consumo das famílias, enquanto que os bancos operavam como intermediários.

Quem está emprestando e tomando emprestado no mundo real? Afinal, as economias são compostas de mais do que apenas os bancos, as lojas e as famílias que vimos no exemplo anterior. Para começar, podemos listar os principais grupos ou setores dentro da economia que podem estar emprestando ou tomando emprestado.

- Famílias
- Empresas privadas não financeiras
- Instituições financeiras privadas (como bancos)
- O governo
- O resto do mundo

Um setor como um todo é um devedor líquido, se o total sendo emprestado por alguns nesse setor for maior do que o total que outros pouparam. Inversamente, o setor é um poupador (ou credor) líquido, se o total economizado for maior do que o total de empréstimos.

Podemos ilustrar isso pensando nas famílias. Algumas estão poupando, talvez para pagar a entrada de um imóvel ou porque quitaram seu financiamento e agora têm dinheiro sobrando. Outras famílias, no entanto, estarão tomando emprestado, talvez porque não têm dinheiro suficiente sobrando para comprar um carro ou uma casa.

Embora qualquer setor possa ser um devedor ou poupador de forma geral, o volume de empréstimos total deve ser igual ao de poupança. De maneira mais simples, os devedores precisam pegar o dinheiro de algum lugar: para cada real tomado emprestado, deve haver outro real sobrando em algum lugar do mundo.

ENDIVIDAMENTO DAS FAMÍLIAS

Examinamos até agora o volume de empréstimos e poupança em uma economia, e os setores que os estão fazendo. É importante, no entanto, distinguir entre o volume de moeda que as pessoas tomam emprestado em qualquer intervalo de tempo (um ano, por exemplo) e o volume total de endividamento que elas mantêm. Ou seja, o volume cumulativo de empréstimos até o momento que ainda não foi quitado.

Logo no início da crise do crédito em 2007, as famílias em vários países desenvolvidos pararam de tomar empréstimos ou não podiam fazê-lo. Isso não quer dizer que família nenhuma tomava empréstimos, mas que mais famílias estavam pagando suas dívidas do que contraindo. Mesmo que a tomada de empréstimos tenha paralisado, as famílias em muitos países acumularam um alto volume de dívidas na década anterior, em grande parte como resultado da alta dos preços dos imóveis, e consequentemente dos financiamentos. De acordo com os números da OCDE (Organização para Cooperação e Desenvolvimento Econômico), as famílias do Reino Unido deviam mais dinheiro em relação à renda que recebiam do que qualquer outra família das economias do G7 no fim da primeira década do século 21.

Dívida das famílias em relação à renda

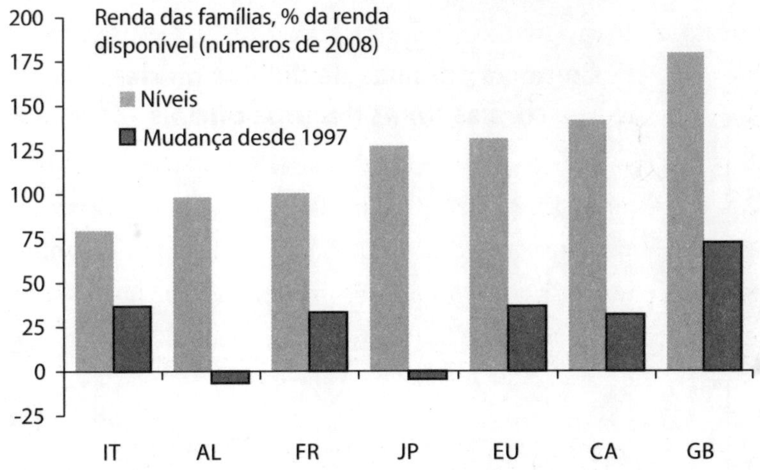

Assim como qualquer outro devedor, as famílias devem pagar juros sobre o estoque da dívida em circulação. Em muitos países, o maior volume de dívidas contraído pelas famílias nos últimos anos é oriundo de financiamentos imobiliários. No Reino Unido, por exemplo, esses financiamentos representam 85% de todo endividamento das famílias, com os 15% restantes sendo de dívidas de consumo (crédito para a compra de automóveis, cartões de crédito, cartões de loja etc.).

Mas o tipo de taxa de juros com o qual as famílias lidam varia consideravelmente de um país para outro. No Reino Unido, por exemplo, o financiamento imobiliário é pago durante um longo período de tempo, e as taxas de juros que elas pagam tendem a variar com bastante frequência. As famílias do Reino Unido costumam tomar empréstimos a uma taxa pós-fixada, que muda todos os meses com os juros oficiais do Banco da Inglaterra, ou por um período pré-fixado relativamente curto, geralmente de dois a cinco anos. Nos EUA e em boa parte da Europa, no entanto, as pessoas tendem a tomar empréstimos de prazos mais longos (acima de dez, e mais comumente entre vinte e cinco e trinta anos) a juros pré-fixados. Portanto, enquanto no Reino Unido as parcelas mensais de dívidas costumam variar com frequência, as dos EUA e do restante da Europa tendem a ser muito mais estáveis.

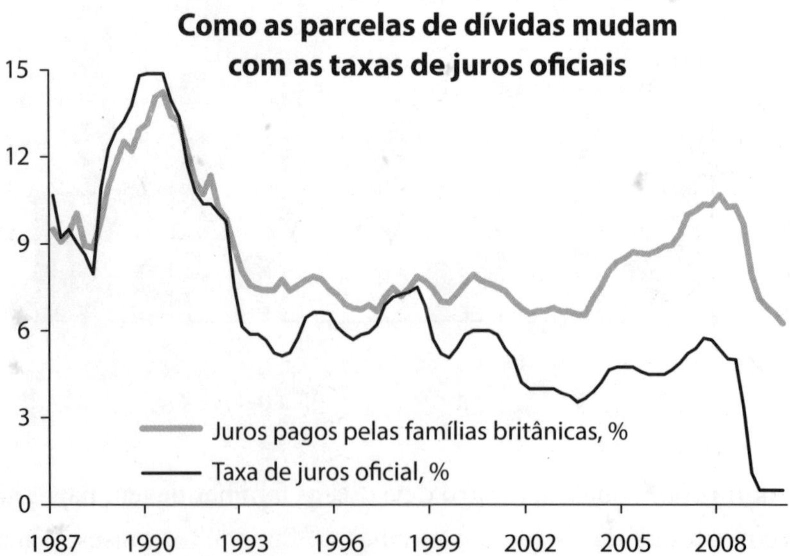

EMPRÉSTIMOS DE EMPRESAS

Quando as famílias tomam empréstimos, eles costumam ser feitos por meio do intermediário financeiro que você veria normalmente no centro da sua cidade. Embora existam os emprestadores individuais, a grande maioria dos empréstimos é fornecida por bancos e cooperativas de crédito.

Quando se trata de empresas, no entanto, a situação é um pouco diferente. Para empresas de pequeno e médio porte (ou PME, como são conhecidas), os bancos costumam ser a única fonte de financiamento. Mas, em se tratando de grandes empresas, o financiamento bancário muitas vezes não é uma opção, devido ao enorme volume que precisa ser arrecadado. Em vez disso, as grandes empresas buscam diretamente os mercados financeiros por meio da emissão de títulos e ações, que são compradas pelos investidores. Alguns países, como os EUA, contam com o financiamento do mercado de capitais mais do que outros.

Um título corporativo nada mais é do que uma folha de papel que tem a promessa de pagamento de juros ao portador (conhecido como "cupom") em intervalos regulares enquanto vigorar o empréstimo. No vencimento do empréstimo, a empresa devolve o valor inicial pago pelo investidor. Há vários tipos de títulos que as empresas podem emitir, tipicamente classificadas pela duração do empréstimo (ou do seu "vencimento"). As necessidades de financiamento de curto prazo (geralmente de alguns meses) são com frequência supridas pela chamada "nota promissória", enquanto que as debêntures possuem vencimento mais longo (de anos, e não meses). A taxa de juros demandada pelos investidores, geralmente maior do que a dos títulos públicos de prazo similar (que são mais seguros) irá depender do risco de moratória da empresa.

Podemos associar tudo isso de volta ao volume de moeda na economia. Lembre-se do mencionado no início deste capítulo, de que os conceitos mais amplos de moeda incluem não apenas o dinheiro que carregamos, mas também o dinheiro nas contas bancárias, e, em alguns casos, o porte de bônus. Quando os governos e as empresas tomam empréstimos de curto prazo, isso pode ser classificado como oferta de moeda. Como apontamos acima, a dívida de um é a riqueza monetária de outro.

O EFEITO DOS EMPRÉSTIMOS NA ECONOMIA

Assim como as mudanças no volume de moeda na economia, o volume de novos empréstimos concedidos a famílias e empresas é um importante propulsor do crescimento econômico. O gráfico abaixo nos mostra isso: quão diretamente as mudanças no volume de empréstimos influencia a taxa de crescimento econômico nos EUA. Ao longo de quase todo o século passado, foram poucos os anos em que os empréstimos e a atividade econômica não se moveram juntos.

Algumas vezes, a demanda mais fraca na economia naturalmente faz com que menos pessoas tomem empréstimos. Mas isso não é sempre o caso: às vezes as coisas se invertem. Um bom exemplo disso é a crise do crédito que começou em 2007, quando inicialmente os

A relação entre o volume de empréstimos nos EUA e a atividade

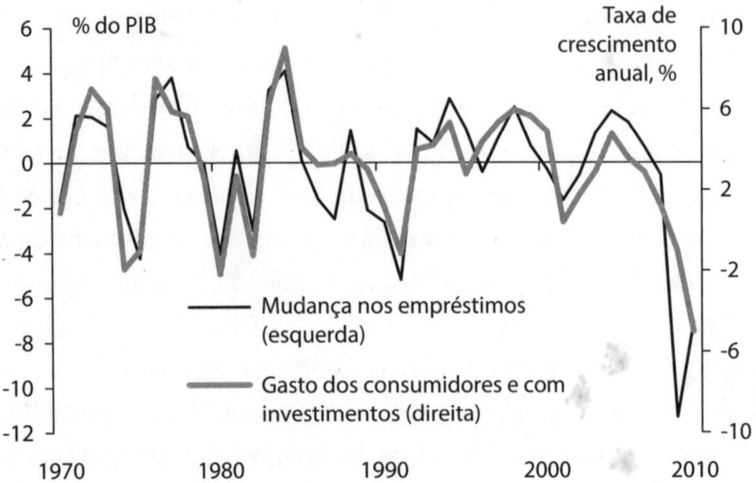

bancos reduziram drasticamente os seus empréstimos a famílias e empresas, o que causou uma recessão global. Dada essa importância, e para concluir este capítulo, vamos examinar brevemente como se deu a crise do crédito e quais lições podemos tirar para o futuro.

A CRISE DO CRÉDITO DE 2007 – UM RESUMO

A crise do crédito pode ter saído nas manchetes no último trimestre de 2007, mas suas raízes datam de muito antes disso. A crise começou em um mercado de alto risco (o *subprime*). Os financiamentos imobiliários concedidos às famílias americanas (que eram menos propensas a pagá-los quando os juros subiam, os preços dos imóveis caíam e o desemprego aumentava) começaram a se tornar um problema. Eles não afetaram apenas os bancos americanos, mas bancos e investidores de todo o mundo a quem esses empréstimos foram vendidos.

Isso aconteceu por meio de um processo conhecido como securitização, pelo qual os bancos que inicialmente concediam os empréstimos às famílias juntavam contratos parecidos e os vendiam como lotes negociáveis. O gráfico a seguir mostra como tudo funcionava. Esse processo ajudou os bancos a começarem a limpar suas contas e emprestar ainda mais dinheiro ao tipo errado de família: as que com muita frequência não tinham renda, emprego ou bens ou, pela sigla em inglês, NINJA (No Income, No Job or Assets).

Os lotes de empréstimos eram chamados de "obrigações garantidas" (em inglês, collateralized debt obligations ou CDOs). O problema era que ninguém sabia quanto os bancos e os investidores estavam expostos a essas obrigações, do que resultou que eles simplesmente não queriam emprestar um ao outro por medo de que eles quebrassem sob pressão dessas más dívidas desconhecidas.

Alguns bancos de fato quebraram, com o Lehman Brothers nos EUA e o Northern Rock no Reino Unido entre os mais notórios. O Royal Bank of Scotland e o Banco Lloyds estavam em tão sérios apuros que o governo britânico acabou tendo que lhes dar suporte financeiro.

Como funciona a securitização

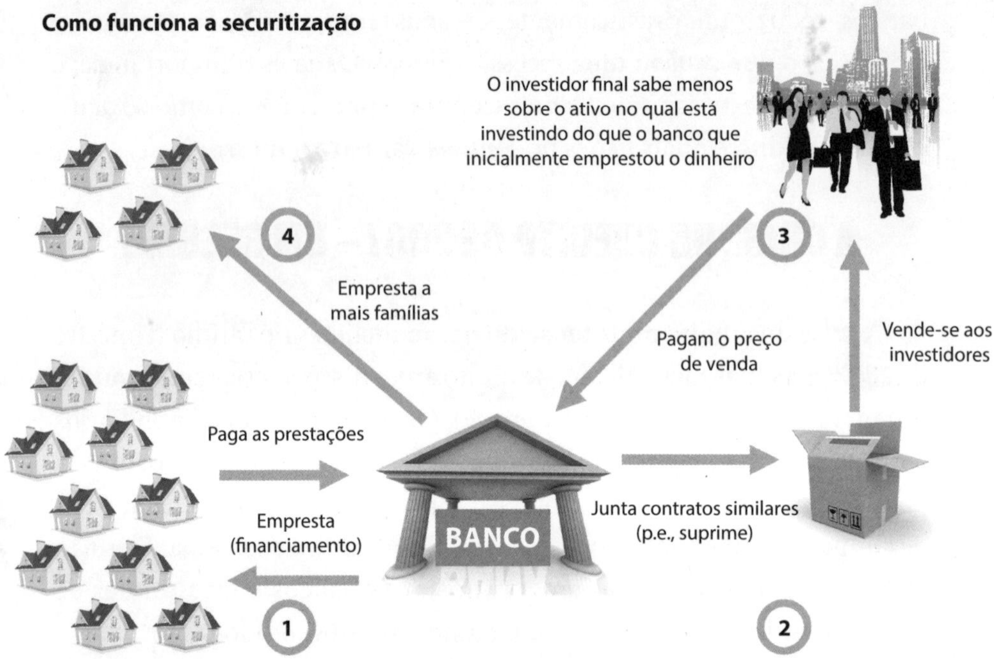

Como vimos acima, quando os bancos não estão dispostos a emprestar, a economia enfraquece. A escala da recente contração do crédito levou não apenas a uma crise econômica, mas a uma recessão global. Isso por sua vez colocou os governos sob grande pressão, pois seus gastos haviam disparado por causa do aumento nos pagamentos de seguro-desemprego, políticas para impulsionar a economia e ajuda financeira para os setores bancários em apuros.

Os governos e os bancos centrais aprenderam muito com a crise. Eles tiveram que reagir rapidamente injetando enormes quantidades de dinheiro (ou "liquidez") no setor bancário para mantê-lo em funcionamento, mantendo as taxas de juros em níveis muito baixos por um longo tempo para compensar os altos custos dos empréstimos gerados pela crise do crédito, e fornecer consideráveis pacotes de resgate para os seus setores financeiros sitiados. O custo do resgate global se mostrou tão alto para os governos que os investidores começaram a duvidar da solvência de alguns Estados (e em alguns casos, como o da Grécia, essa preocupação era bem fundamentada).

QUEM VOCÊ PRECISA CONHECER

Hyman Minsky

Nos últimos anos, houve um renovado interesse em Hyman Minsky, em parte devido à contração do crédito. Em seu livro de 1986, estabilizando uma economia instável, ele expôs a anatomia das crises do crédito (algo que vinha desenvolvendo nos anos anteriores) argumentando que os longos períodos de estabilidade econômica aparentemente benigna podem acabar gerando crises financeiras.

Ele identificou três tipos de mutuário: os "hedged", aqueles cuja renda dos seus investimentos é suficiente para manter em dia os juros da dívida; os "especulativos", que precisam tomar novos empréstimos para pagar as outras dívidas; e finalmente os "Ponzi" (por causa de Charles Ponzi, um estelionatário americano) que só se mantêm solventes devido à valorização do preço de seus ativos.

À medida que o período de estabilidade continua, um número cada vez maior de pessoas cai para a última categoria, uma vez que as bolhas do preço dos ativos (como ações e imóveis) se desenvolvem e as dívidas crescem ainda mais. Em algum momento, as pessoas decidem dar um basta e tentar vender seus ativos, resultando na explosão da bolha. Os investidores Ponzi são os primeiros a ficarem inadimplentes com suas dívidas, pois seus empréstimos só eram lucrativos enquanto os preços dos ativos estavam subindo. Em resposta, os bancos freiam os empréstimos, que por sua vez derruba o mutuário especulativo (que, como foi mencionado, dependia do financiamento dos bancos). Ao final do processo, nem mesmo o investidor "hedged", que estava solvente consegue mais tomar empréstimos, e todo o processo acaba em uma recessão.

Minsky chamou essa gradual transição de uma economia estável para uma crise financeira de "Hipótese da Instabilidade Financeira". Desde então, o ponto no topo do ciclo no qual os investidores tentam sair foi apelidado de "Momento Minsky". Ele utilizou esse argumento para apoiar sua ideia de intervenção estatal no setor financeiro e criticou a tendência à desregulamentação da década de 80.

Se há uma coisa que podemos tirar da crise financeira é o seguinte: o dinheiro realmente faz o mundo se mover e, quando sua fonte seca, o mesmo acontece com a atividade econômica. Nos próximos anos, os governos pelo mundo pretendem mudar a maneira de conduzir as políticas econômicas e as regulamentações bancárias para evitar que a crise do crédito se repita.

LEMBRE-SE DISTO

A moeda é muito mais do que cédulas que carregamos nos bolsos. O volume de moeda na economia pode afetar consideravelmente a atividade, as taxas de juros e a inflação. Quando sua fonte seca, como aconteceu na contração do crédito, pode causar terríveis consequências para uma economia.

CAPÍTULO 6

OS BANCOS CENTRAIS

DO QUE SE TRATA

- Qual é o papel dos bancos centrais na economia
- Como os bancos centrais alteram a taxa básica de juros
- Como a taxa básica de juros afeta a economia
- Por que os bancos centrais traçam metas de inflação
- O que acontece quando as taxas de juros se aproximam de zero
- Como o afrouxamento quantitativo pode impulsionar a economia

O QUE FAZEM OS BANCOS CENTRAIS?

Os bancos centrais são essencialmente os administradores da moeda na economia. São eles os responsáveis pela política monetária, por meio da qual podem controlar a oferta e o valor da moeda imprimindo cédulas ou definindo a taxa básica de juros. Esse é um papel fundamental porque, como vimos no capítulo 5, a moeda na forma de crédito é a força vital das economias modernas. Se a moeda e o crédito expandirem rápido demais, as empresas podem não ser capazes de suprir a demanda por maior produção. Como resultado, elas irão aumentar os preços, o que causa inflação. Por outro lado, se o volume de moeda e crédito não for suficiente para as necessidades da economia, o consumo pode cair e dar origem a uma recessão.

O Banco Central do Brasil, o Banco da Inglaterra, o Federal Reserve nos EUA e o Banco Central Europeu na zona do euro, todos tentam regular o fluxo de moeda e do crédito definindo a taxa básica de juros (que é efetivamente o preço da moeda) com o objetivo de controlar a inflação e garantir que suas economias se mantenham equilibradas.

Por exemplo, suponha que a economia esteja crescendo rápido demais e o banco central comece a se preocupar com a inflação. Ele então aumenta a taxa básica de juros. Isso tornaria mais caro o crédito das empresas e aumentaria as parcelas de crédito imobiliário das famílias. A demanda na economia, por sua vez, iria desacelerar e aliviar as pressões inflacionárias.

Se, em vez disso, a economia estivesse em recessão, o banco central poderia cortar a taxa básica de juros (tornando o dinheiro mais barato) para impulsionar a economia, dando aos consumidores um pouco mais de poder de compra e estimulando as empresas a investirem em novos projetos.

Ultimamente, a maioria dos bancos centrais nas economias mais desenvolvidas tende a ser independente. Isso quer dizer que eles estão livres do controle político para definir a taxa básica de juros ou gerir a oferta de moeda. No Reino Unido, o Banco da Inglaterra ganhou "independência operacional" em 1997, o que significa que ele tem poder para definir a taxa básica de juros e cumprir as metas de inflação definidas pelo governo.

O Banco da Inglaterra possui um Comitê de Política Monetária com nove membros que se reúnem todos os meses para decidir qual deve ser a taxa básica de juros. Eles definem taxas para manter a inflação pelo IPC em 2%. A meta é chamada de simétrica porque, caso a inflação fique abaixo dela, considera-se tão ruim quanto se ficasse acima: uma taxa de inflação de 1% seria vista como tão ruim quanto uma taxa de 3%.

O Banco Central Europeu tem um Conselho Diretor, composto por 22 membros, que também se reúne mensalmente para definir as taxas de juros da zona do euro e é encarregado de garantir a estabilidade dos preços que formam o índice de inflação abaixo de 2%. O Federal Reserve possui um Comitê de Política Monetária de 12 membros que se reúne oito vezes por ano e tem um duplo mandato de garantir estabilidade dos preços e um crescimento econômico sustentável. É claro, os formuladores de políticas sempre podem se reunir em caráter emergencial para alterar a taxa básica de juros, se as circunstâncias assim o exigirem. Vários dos principais bancos centrais fizeram exatamente isso após os ataques de 11 de setembro nos EUA em 2001.

Os mercados financeiros continuam bastante focados nas decisões do banco central porque elas afetam o preço das moedas, dos títulos e de quase todos os outros instrumentos financeiros. Nesse aspecto, o Federal Reserve (ou Fed, como costuma ser chamado) é talvez o mais importante devido ao enorme tamanho da economia americana e ao status do dólar de moeda mais negociada do mundo.

Os pronunciamentos de dirigentes de bancos centrais são vistos com grande respeito. Os bancos e as instituições financeiras costumam contratar um grande número de pessoas para decifrar os discursos proféticos deles, afim de ter uma ideia melhor de qual será a próxima decisão do banco central. O ex-presidente do Fed Alan Greenspan se tornou famoso por nunca revelar nada. Alguns comentaristas chegavam a recorrer à cor de sua gravata para adivinhar o que ele iria fazer com a taxa básica de juros!

> **QUEM DISSE**
>
> "Quem quer que controle o volume de moeda em qualquer país é o mestre absoluto de toda indústria e comércio."
>
> **James A. Garfield**

Mas definir as taxas de juros não é a única função do banco central. Ele emite moeda, gere o sistema de pagamentos e age como um banco para todos os outros bancos na economia. Ele é a espinha dorsal do sistema financeiro, permitindo que os bancos ajustem contas uns com os outros, que as empresas recebam seus pagamentos e as pessoas recebam seus salários. O valor total do sistema de pagamentos do Reino Unido, por exemplo, é de mais de R$ 2.000 trilhões anuais. Os bancos centrais também costumam ser responsáveis pela supervisão dos bancos e de outras instituições financeiras.

COMO OS BANCOS CENTRAIS COMEÇARAM

O Banco de Amsterdam, estabelecido em 1609, costuma ser considerado o precursor do banco central moderno. Antes ainda, as transações monetárias na Europa eram conduzidas pelo comércio de moedas de ouro e prata. Mas o Banco de Amsterdam começou a permitir que as pessoas depositassem seu ouro e prata por uma pequena taxa. Os depositantes recebiam um crédito nas contas do banco, esse crédito ficou conhecido como bilhete de banco. Mais tarde foi aprovada uma lei determinando que todas as contas cujo valor fosse superior a 600 florins deveriam ser pagas em bilhete de banco, criando assim uma demanda natural por contas bancárias.

Provavelmente, o primeiro exemplo de um banco central como o conhecemos agora, no entanto, foi a criação do Banco da Inglaterra em 1694. Carinhosamente apelidado de Velha Dama da Rua Threadneedle, foi criado inicialmente para que o governo da época pudesse tomar empréstimos de investidores privados para financiar seus esforços bélicos e tomou para si a responsabilidade de emitir moeda com base em seus estoques de ouro.

Nos EUA, o Primeiro Banco dos Estados Unidos foi criado em 1791, com base no modelo do Banco da Inglaterra. Mas a forte oposição política resultou em não renovar seu alvará que venceu em 1811. O Segundo Banco dos Estados Unidos foi criado em 1816, mas sofreu o mesmo destino em 1836. O pânico financeiro subsequente gerou pressão para a criação de um banco central forte, e o Federal Reserve foi criado em 1913. Enquanto isso, o Banco Central Europeu é o mais novo entre os maiores bancos centrais e foi criado em 1999, com o lançamento do euro, a moeda única da Europa.

TAXA BÁSICA DE JUROS

A taxa básica de juros é a ferramenta mais poderosa na mão dos bancos centrais para cumprir os objetivos de manter a inflação baixa ou manter a economia equilibrada. Eles reduzem as taxas e "afrouxam" a política monetária para estimular a economia, tornando a moeda mais barata. Podem também aumentar os juros e "apertar" a política monetária para esfriar a economia e evitar o aumento da inflação, aumentando o custo dos empréstimos.

A taxa básica de juros mencionada nesse aspecto costuma ser a taxa de curto prazo: as taxas que as instituições cobram umas das outras por empréstimos que serão pagos em um prazo muito curto, por exemplo, no dia seguinte. Os bancos centrais podem definir a taxa básica de juros emprestando ou tomando emprestado a essa taxa ou gerindo ativamente a oferta de moeda.

O Federal Reserve, por exemplo, anuncia a sua meta para os juros no mercado interbancário. Ele então aumenta ou reduz a oferta de moeda para alcançar esse objetivo. Para isso, ele compra e vende valores mobiliários, como títulos; transações que são conhecidas como operações de mercado aberto.

Mas como isso funciona? Os bancos americanos, como em muitos outros países, são obrigados por lei a manter um nível de reservas em dinheiro com o banco central. Esse depósito compulsório geralmente é uma porcentagem das contas de depósito à vista (depósitos que podem ser sacados imediatamente e sem penalidades). A obrigatoriedade visa garantir que os bancos não fiquem sem liquidez quando os clientes quiserem sacar.

Em qualquer dia, um banco pode fazer novos empréstimos e fazer com que seus depósitos fiquem abaixo da reserva obrigatória. Em circunstâncias normais, esse banco teria que repor suas reservas pegando emprestado de outro banco que tem reservas excedentes. A taxa de juros para as transações "overnight" seria negociada entre os dois bancos, e a média ponderada de todas as transações desse tipo é conhecida como "taxa do mercado interbancário".

Agora, suponha que o Fed queira reduzir a taxa básica de juros. Ele fará isso comprando títulos das instituições financeiras. Isso dará aos bancos dinheiro extra, uma vez que o Fed irá pagar suas compras com dinheiro. Como vimos várias vezes, o que acontece quando a oferta de algo sobe? O preço cai. E, lembre-se, a taxa básica de juros é nada mais do que o preço da moeda. Ou seja, o aumento da oferta de moeda irá pressionar as taxas de juros para baixo até a meta estabelecida.

Se o Fed quisesse aumentar a taxa básica de juros, venderia títulos aos bancos. Os bancos iriam pagar por eles em dinheiro, reduzindo a oferta de moeda e pressionando a taxa de juros para cima.

O MECANISMO DE TRANSMISSÃO DA POLÍTICA MONETÁRIA

Mas como esses bancos centrais afetam a economia? Primeiramente, os empréstimos interbancários se tornaram o ponto de referência de todas as várias taxas de juros na economia.

Uma mudança na principal taxa do banco central ou mesmo uma mudança na expectativa quanto a essa taxa pode desencadear uma reação que afeta primeiro as taxas de juros de curto prazo, seguida pelas de longo prazo, o valor da moeda, os preços das ações e, por último, as decisões de consumo das famílias e empresas.

O efeito total de uma mudança na taxa básica de juros em uma economia pode levar até dois anos e há uma série de meios pelo qual isso funciona. O processo é chamado de mecanismo de transmissão da política monetária.

A mudança na taxa de juros oficiais tem quatro efeitos principais:

O mecanismo de transmissão – como a taxa básica de juros afeta a economia

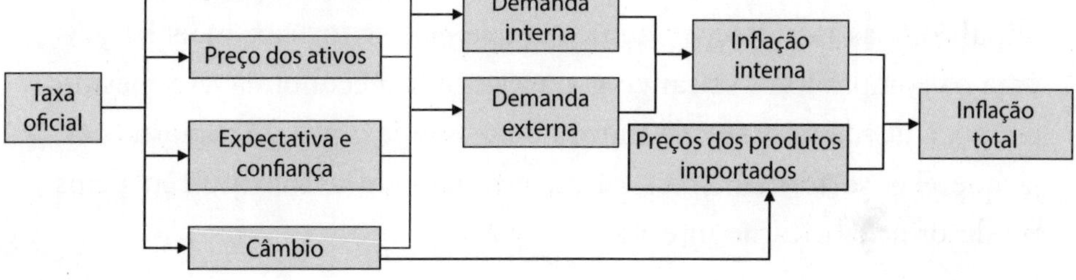

1. Ela influencia todas as outras taxas de juros na economia, como a que os bancos pagam pelos seus depósitos em contas poupança e a que você paga ao seu banco por um financiamento.
2. Ela pode afetar os preços de ativos, como os mercados de ações e o mercado imobiliário.
3. Pode afetar a taxa de câmbio de um país, tornando a posse de sua moeda mais atraente ou menos.
4. Pode alterar expectativas e a confiança.

Todos esses efeitos têm impacto direto sobre a demanda na economia. Vamos examinar cada um. Para começar, um corte na taxa básica de juros irá estimular o consumo, uma vez que torna a poupança menos atraente e os empréstimos mais atraentes. As taxas mais baixas também reduzem os custos de financiamentos para empresas e para os consumidores, dando-lhes mais dinheiro para gastar. Por outro lado, cortar a taxa básica de juros também irá reduzir a remuneração que os poupadores recebem por seus depósitos. Mas os mutuários costumam gastar mais do que os seus credores, então se espera que no total os cortes nos juros impulsionem a demanda.

Um corte nos juros também pode ter o efeito de aumentar o preço das ações e dos imóveis, em parte porque fica mais fácil financiar empréstimos. Isso então aumenta a riqueza dos portadores desses ativos, estimulando mais demanda. Os preços de imóveis mais altos também estimulam as famílias a refinanciar seus imóveis, pois podem fazer um empréstimo maior baseado no valor maior do imóvel, dando--lhes mais dinheiro para gastar.

Um corte nos juros deve reduzir o valor da moeda local. E isso impulsiona as exportações, uma vez que elas se tornam mais baratas para os compradores estrangeiros, e estimula a economia. Ao mesmo tempo, a queda no valor da moeda desestimula o uso de importações, já que elas se tornam mais caras, estimulando a substituição pelos produtos de fabricação interna.

E, finalmente, a confiança também pode aumentar com o corte dos juros, principalmente se essa redução gerar expectativa de mais cortes. Por exemplo, em outubro de 2008, muitos dos maiores bancos centrais do mundo se reuniram para cortar os juros no mesmo dia, em uma jogada para recuperar a confiança que se seguiu ao colapso do gigante banco de investimento Lehman Brothers. Mais uma vez, o efeito desse aumento de confiança será mais consumo (ou demanda agregada) do que seria o caso sem o estímulo.

Suponha que um banco central tenha cortado os juros e o efeito tenha sido um aumento de consumo por meio dos canais mencionados acima. O que acontece depois? Como isso irá se transformar em uma alta de inflação? Primeiramente, a demanda maior na economia deve gerar mais produção e emprego, pois os produtores irão tentar acompanhar o aumento do poder de compra.

A dinâmica de oferta e demanda na economia irá mudar. Os trabalhadores irão pedir maiores salários e estarão mais requisitados. O custo das matérias-primas pode subir, uma vez que a demanda dos produtores por elas irá aumentar para que fabriquem mais produtos. Ao mesmo tempo, a queda no valor da moeda irá aumentar o preço dos produtos importados. Os produtores talvez precisem pagar mais pelas matérias-primas que adquirem no exterior, como o petróleo.

Os produtores terão que compensar os custos mais altos cobrando mais caro por seus produtos e, por fim, o aumento de preços será repassado ao consumidor final, gerando inflação. Inversamente, um aumento dos juros faria o caminho inverso e causaria o efeito final de reduzir a inflação.

PREVISÕES

Obviamente, nada disso acontece da noite para o dia nem tão facilmente no mundo real. A política monetária leva um longo tempo para surtir efeito, e os formuladores de políticas podem ter que incluir esse intervalo do mecanismo de transmissão da política monetária nas suas decisões de taxas de juros. Os economistas consideram que pode levar até um ano para que o efeito total da mudança nas taxas de juros afetem a produção e o crescimento na economia. Pode levar até dois anos para que todos os efeitos sejam sentidos na inflação.

A situação se complica ainda mais porque os bancos centrais não têm acesso a informações perfeitas sobre o que está acontecendo com os preços ou a economia em um dado momento. Os dados econômicos são com frequência publicados com atrasos e estão sujeitos a revisão.

Por exemplo, em 1998 pesquisas sugeriram que a economia global se desacelerou de forma acentuada por causa da crise dos mercados emergentes sobre a qual falamos no capítulo 4. Como resultado, os bancos centrais cortaram suas taxas de juros. Números publicados muito depois mostraram que a economia na verdade esteve crescendo fortemente justo no momento em que os formuladores de políticas estavam mais preocupados. Os cortes nos juros ajudaram a fomentar o crescimento das "ponto com" em 1999 e 2000, quando os preços das ações de tecnologia dispararam.

Ainda assim, os dirigentes dos bancos centrais baseiam suas discussões de política monetária nas informações que estão disponíveis no momento e que traçam uma perspectiva da economia para os próximos dois ou três anos.

Para tal, eles constroem modelos econômicos elaborados que tentam indicar o que irá acontecer à economia nos próximos anos e que produzam previsões periódicas. Os investidores acompanham essas previsões de perto porque elas lhes dão uma indicação do sentido que tomarão as taxas de juros.

O economista Robert Lucas argumentou na década de 70 que não se poderia simplesmente prever o futuro usando o passado como um guia confiável. Sua argumentação era que as pessoas irão ajustar seu comportamento em resposta às alterações da política econômica. De acordo com a crítica de Lucas, os economistas que tentavam prever os efeitos de mudanças na política monetária deveriam observar como isso irá afetar ações individuais e então agregar esses resultados por meio da economia. Esses modelos construídos a partir do nível individual, ou o que chamamos de microfundamentos, agora são a norma entre os bancos centrais e são chamados de "modelos dinâmicos estocásticos de equilíbrio geral" (Dynamic Stochastic General Equilibrium).

Ainda assim, as previsões que utilizam esses modelos continuam sendo palpites. Muitos eventos estarão fora do controle dos bancos centrais. Por exemplo, pode haver uma mudança na política governamental que altera a perspectiva da economia. Por outro lado, poderia haver um forte aumento nos preços de commodities como o petróleo, que gera aumento de inflação mas reduz o crescimento das empresas, e os consumidores se veem incapazes de arcar com os custos maiores. Poderia haver um desastre natural ou uma guerra.

Os economistas se referem a tais eventos como choques, e eles podem bagunçar as previsões do banco central. Por essa razão, muitos bancos centrais gostam de publicar suas previsões como um leque de possibilidades. O gráfico abaixo mostra a chance percentual de a projeção do Banco da Inglaterra para inflação em dois anos ficar dentro da margem da sua meta de 2%. Em agosto de 2006, o banco central pensou que a chance de isso acontecer era de mais de 80%. Quatro anos depois, era menos da metade.

Probabilidade (%) de inflação dentro da margem de 1% da meta em dois anos

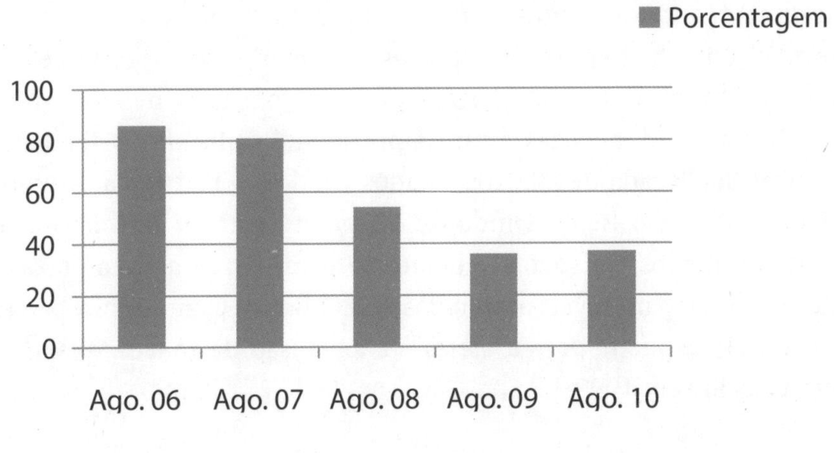

METAS DE INFLAÇÃO

As ideias baseadas no trabalho do economista John Maynard Keynes dominaram a formulação de políticas econômicas depois da Segunda Guerra Mundial. O keynesianismo defendia as políticas expansionistas em uma recessão e políticas restritivas durante uma expansão. Suponha que a economia esteja rumando para a uma crise. Os governos poderiam gerar déficits e o banco central cortar as taxas de juros. Por outro lado, se a inflação estiver em alta, os governos podem aumentar os impostos para frear o consumo, e o banco central pode aumentar as taxas de juros.

O sucesso dessas políticas continuou até a década de 60 e muitos economistas pensaram que haviam encontrado a galinha dos ovos de ouro da prosperidade. Mas o consenso desmoronou na década de 70, quando fortes aumentos no preço do petróleo causaram estagflação em muitos países desenvolvidos. Como aprendemos no capítulo 2, a estagflação é quando a inflação é alta e o crescimento é fraco. As políticas expansionistas são necessárias para impulsionar a economia, mas as políticas restritivas são necessárias para reduzir a inflação exatamente no mesmo momento.

A falha do keynesianismo em propor uma sugestão gerou um interesse maior em outras escolas de pensamento econômico e foi uma filosofia conhecida como monetarismo que ganhou maior crédito. Os monetaristas, liderados pelo economista americano Milton Friedman, argumentaram que mudanças na oferta de moeda iriam afetar a produção no curto prazo e os preços no longo prazo. Segundo eles, os bancos centrais deveriam, portanto, focar na oferta de moeda.

As metas monetárias foram amplamente utilizadas pelos bancos centrais na década de 80. Nos Estados Unidos, o Fed sob a direção de Paul Volcker e o Reino Unido de Margaret Thatcher utilizaram, com bons resultados, as metas monetárias para trazer as altas taxas da década de 70 para níveis mais razoáveis. O Banco Central Europeu teve uma meta explícita para a oferta e a expansão da moeda quando foi estabelecido em 1999.

No entanto, as metas monetárias foram postas em xeque entre as décadas de 80 e 90 quando a relação entre a oferta de moeda e a inflação parecia ter se quebrado. Muitos economistas argumentaram que seria melhor para os bancos centrais focar na própria inflação. O objetivo do banco central seria uma determinada taxa de inflação e iria utilizar sua política (ou seja, a taxa básica de juros) para buscar garantir essa taxa.

A Nova Zelândia foi o primeiro país a adotar as metas de inflação em 1990. A Inglaterra também anunciou o início das suas metas de inflação em 1992. Cerca de vinte e cinco a trinta bancos centrais agora traçam metas de inflação. O Fed, o Banco Central Europeu e o Banco do Japão não têm metas explícitas de inflação, mas adotaram vários elementos de um regime de metas de inflação.

O modelo dessas metas costuma ter quatro características principais:

1. Um comprometimento explícito do banco central em manter a inflação baixa e estável como o principal objetivo da política monetária.
2. Uma meta ou margem numérica explícita para a inflação.
3. Prestação de contas, que garante que os formuladores de políticas sejam diretamente responsabilizados caso a meta não seja cumprida.
4. Uma abordagem prospectiva às metas de inflação.

As metas tendem a girar em torno de 2%, para gerar uma margem de erro e evitar que ela caia em deflação, o que geralmente é considerado mais problemático e mais difícil de consertar do que a inflação.

Os proponentes das metas de inflação afirmam que o sistema garante uma maior confiança na formulação de políticas públicas e evita um viés para políticas inflacionárias. Os investidores podem confiar em que o banco central agirá para manter a inflação baixa. Os críticos argumentam que elas podem fazer com que os formuladores de políticas se concentrem demais na inflação sob o risco de ignorar outras coisas que acontecem com a economia, como a criação de bolhas de ativos financeiros ou desemprego.

Países que adotam o regime de metas de inflação

País	**Início**
Nova Zelândia	1990
Canadá	1991
Reino Unido	1992
Suécia	1993
Austrália	1993
República Tcheca	1997
Israel	1997
Polônia	1998
Brasil	1999
Chile	1999
Colômbia	1999
África do Sul	2000
Tailândia	2000
Coreia do Sul	2001
México	2001
Islândia	2001
Noruega	2001
Hungria	2001
Peru	2002
Filipinas	2002
Guatemala	2005
Indonésia	2005
Romênia	2005
Turquia	2006
Sérvia	2006
Gana	2007

REGRAS DE POLÍTICA MONETÁRIA

Alguns dirigentes dos bancos centrais diriam que a política monetária é uma arte, e não uma ciência. Vários economistas, no entanto, argumentam que é melhor que haja regras para prescrever do que ações a tomar dependendo do estado da economia no momento.

Uma delas é a Regra de Taylor, em homenagem ao economista e ex-subsecretário do tesouro americano John Taylor. A ideia é que, se a inflação está em alta ou se a economia está aquecida demais, essa regra iria prescrever o quanto a taxa básica de juros precisa ser aumentada para colocá-lo sob controle. Se a economia está enfraquecendo, a regra diria o quanto os juros deveriam ser reduzidos.

QUEM VOCÊ PRECISA CONHECER

Robert Barro

Robert Barro é um economista americano da Universidade de Harvard. Inicialmente graduado em física pelo Instituto de Tecnologia da Califórnia, Barro se tornou economista e obteve seu PhD de Harvard, em 1970. Considerado um dos mais influentes economistas da modernidade, seu livro de 1984 *Macroeconomics* é amplamente usado em cursos universitários.

O trabalho de Barro foi central para a adoção explícita das metas de inflação pelos bancos centrais. Ele e David Gordon, propuseram a teoria da inflação como sendo um problema de "inconsistência temporal". Podemos pensar nisso como um jogo do qual participam o banco central e o público. De acordo com a argumentação de Barro e Gordon, os bancos centrais serão com frequência tentados a quebrar a própria meta de inflação para gerar mais empregos. Como resultado, o público irá deduzir que a meta não será cumprida e começa a aumentar a sua expectativa de inflação. O resultado final será uma inflação maior, e a meta será ultrapassada.

É por isso que, de acordo com a teoria, os bancos centrais deveriam explicitar suas metas de inflação, que eles são obrigados a cumprir para garantir a confiança pública na sua capacidade e desejo de manter a inflação baixa. Ela explica por que o fator da responsabilidade nas metas de inflação é tão importante.

Barro também foi um grande proponente da teoria das expectativas racionais. Esse é um ramo da economia que defende que os indivíduos (ou agentes econômicos, como são chamados) agem racionalmente para maximizar os próprios interesses. Em 1974, ele escreveu um artigo bastante influente chamado "Are government bonds net wealth?", no qual argumentou que os cortes nos impostos teriam pouco efeito, pois os indivíduos racionais se dariam conta de que esses impostos seriam cobrados no futuro, portanto não iriam ajustar os seus padrões de consumo atuais. Esse conceito, conhecido como Equivalência Ricardiana em homenagem ao economista inglês David Ricardo, ainda é bastante debatido hoje em dia.

A fórmula para descobrir a quantidade real pela qual os juros devem ser aumentados ou reduzidos seria observar um período em que se considera que a política monetária foi bem-sucedida em gerir a economia e a inflação.

Dentre os argumentos para os bancos centrais adotarem tais regras, está a de que elas permitiriam aos formuladores de políticas comunicar melhor as suas ações. Além disso, se a política for baseada em uma regra bem estabelecida, a prestação de contas e a credibilidade do banco central podem aumentar. Os mercados financeiros também irão fazer previsões de políticas com mais facilidade e reduzir suas incertezas, o que é bom para as decisões de investimento.

Mas também há argumentos contra. Um deles é que o nível certo de taxa de juros compatível com objetivos de longo prazo pode variar com o tempo. Há muitas incertezas acerca de onde a economia se encontra exatamente em relação ao pleno emprego, um dado essencial para a regra de política monetária.

Embora ainda haja discussões sobre essas regras, a maioria dos grandes bancos centrais, como o Fed, o Banco da Inglaterra e o Banco Central Europeu, ainda não endossa qualquer condição pré-determinada ou favorece o que se conhece como "discrição restrita".

QUEM VOCÊ PRECISA CONHECER

John Taylor

Nascido em 1946, John Taylor, professor da Universidade de Stanford, está na linha de frente da teoria e formulação de políticas econômicas desde os anos 70. Taylor havia estudado na Universidade de Princeton antes de obter seu PhD em Stanford.

Entre 2001 e 2005, Taylor atuou como subsecretário de Assuntos Internacionais do tesouro americano, onde foi responsável por políticas monetárias, dívida externa e supervisão do Fundo Monetário Internacional. Ele também foi membro do Conselho de Assessores Econômicos do presidente entre 1989 e 1991.

O feito que o tornou mais famoso foi a formulação da Regra de Taylor em 1992, que sugeria que o Federal Reserve poderia definir a taxa básica de juros utilizando uma equação simples que considerava a taxa de inflação atual e o ponto onde a economia estava em relação à sua tendência de produção. De acordo com Taylor, a equação também explicava o que o Fed estava fazendo nos últimos cinco anos.

A regra imediatamente gerou conflito tanto nos mercados financeiros quanto entre os formuladores de políticas. Logo a equipe do Fed estava fornecendo ao seu comitê de política monetária várias versões da regra antes de cada decisão sobre a taxa de juros. Taylor chegou a ser convidado para ir ao Fed discutir a regra e as suas aplicações com os formuladores de políticas do Fed em 1995.

Mas Alan Greenspan, presidente do Fed na década de 90, acreditava que a discrição era melhor do que uma abordagem baseada em regras para definir as taxas de juros. Segundo Greenspan, a Regra de Taylor só funcionava quando o futuro era igual ao passado. "Mas, infelizmente, a história não é um guia infalível para o futuro", afirmou Greenspan.

AFROUXAMENTO QUANTITATIVO

Neste capítulo, vimos que os bancos centrais podem reduzir a taxa básica de juros e tentar estimular a economia quando ela está em desaceleração e enfrentando risco de recessão. Eles também podem aumentar as taxas de juros e desacelerar a economia para prevenir a inflação. Mas, embora as taxas de juros possam aumentar o quanto for necessário, há claramente um piso: zero. Por isso é muito mais fácil frear uma expansão do que sair de uma grande recessão.

O economista John Maynard Keynes resumiu esse problema de tentar tirar uma economia de uma grave recessão como "empurrar uma corda". Outra maneira de ilustrar isso é que é fácil frear a demanda, mas difícil de criá-la quando ela não existe. Dizem que a economia está em uma armadilha da liquidez quando a política monetária não consegue mais estimular a demanda. Isso pode acontecer porque as pessoas preferem reter seu dinheiro, não importa o quanto a oferta de moeda aumente ou os juros caiam, talvez porque elas esperem que os preços caiam no futuro, por isso acham melhor esperar do que gastar agora.

Então, o que acontece quando as taxas de juros já estão em zero ou quase zero e a economia ainda precisa de ajuda? Essa é a situação na qual os formuladores de políticas no Japão se viram durante o início da década de 2000. A economia japonesa desacelerou bastante depois do colapso da bolha econômica entre as décadas de 80 e 90. Em 1995 eles já estavam esperando deflação. Os enormes e sucessivos programas de gastos do governo e juros sendo mantidos a quase zero pareciam não surtir o efeito de resgatar a economia da depressão.

Então, em março de 2001, o Banco do Japão (banco central do país) deu início à sua agora famosa política de afrouxamento quantitativo. Em vez de simplesmente manter os juros em zero, o banco central inundou o mercado com dinheiro novo ao comprar dos bancos valores mobiliários, como títulos de longo prazo do governo japonês.

QUEM DISSE

"O governo americano tem uma tecnologia, chamada impressora de moeda (ou, hoje, seu equivalente eletrônico), que nos permite produzir quantos dólares desejarmos a custo quase zero."

Ben Bernanke

Efetivamente, o Banco do Japão estava criando dinheiro novo e injetando-o no sistema bancário. É por isso que o afrouxamento quantitativo é popularmente conhecido como a política de imprimir moeda. Obviamente, não há papel-moeda sendo emitido. As contas dos bancos no banco central são simplesmente creditadas com os recursos extras, da mesma forma que se o seu banco lançasse um crédito na sua conta, só que no caso do banco central, ele teria criado dinheiro do nada.

O Banco da Inglaterra também começou o próprio programa de afrouxamento quantitativo em março de 2009, mas antes reduziu a taxa de juros ao nível mais baixo de sua história (0,5%) durante a recessão de 2008/09. Ele também criou dinheiro novo e com ele comprou na maior parte títulos do governo britânico dos bancos na esperança de que eles começassem a emprestar dinheiro e estimular o consumo na economia.

Como isso de fato funciona? O banco central simplesmente se oferece para comprar vários bilhões em títulos das instituições financeiras regularmente. Os bancos-membros vendem esses títulos e em troca recebem um crédito nas suas contas no banco central.

Como funciona o afrouxamento quantitativo

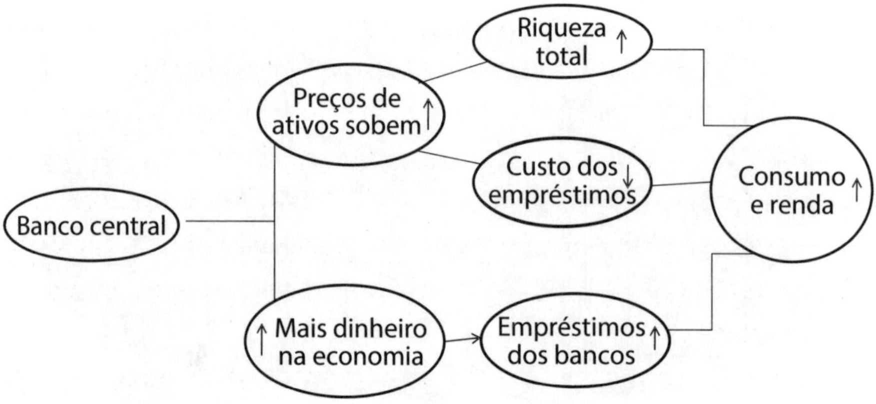

A ideia é que as instituições financeiras utilizem esse dinheiro extra para gastar em bens, serviços ou outros ativos. Os preços dos ativos devem subir, fazendo com que as pessoas se sintam mais ricas. Ao mesmo tempo, os bancos estarão dispostos a emprestar mais, uma vez que as suas reservas de dinheiro aumentaram, e o custo dos empréstimos deve cair. A melhoria nas condições do crédito e o aumento da riqueza deve então estimular as pessoas e as empresas a consumir mais, expandindo a economia de forma geral.

Enquanto a função mais básica do afrouxamento quantitativo é expandir a oferta de moeda e estimular o consumo, os bancos centrais também podem determinar quais títulos irão comprar com o dinheiro recém-criado, para influenciar os seus preços e as condições gerais de crédito na economia. Por exemplo, o Fed conduziu a sua versão de afrouxamento quantitativo em 2009, que ele preferiu chamar de afrouxamento do crédito. Com isso, ele comprou títulos de crédito imobiliário, rios de empréstimos hipotecários, em uma tentativa de reduzir o custo da linha de empréstimo e torná-la mais acessível. O Fed então expandiu o seu programa de afrouxamento quantitativo para títulos públicos em 2010.

Mas a verdadeira questão do afrouxamento quantitativo é se ele funciona. Quanto a isso, os economistas ainda estão divididos. O Japão continuou com sua política de afrouxamento quantitativo até 2006 e, embora a economia tenha começado a crescer nesse período, a recuperação nunca impressionou. Alguns argumentam que as coisas teriam sido piores para o Japão sem o dinheiro extra injetado na economia, outros dizem que ele não fez diferença nenhuma. Da mesma forma, os formuladores de políticas nos EUA e no Reino Unido alegam que seus programas evitaram que a situação ficasse pior e ajudaram a economia, reduzindo o custo dos empréstimos para empresas e consumidores.

Os críticos do afrouxamento quantitativo argumentam que ele poderia gerar uma hiperinflação, o fenômeno de aumento acentuado nos preços descrito no capítulo 2, devido ao excesso de dinheiro sendo injetado na economia. Um problema oposto é se os bancos acumularem o dinheiro extra para reconstruir os próprios balanços patrimoniais, que podem ter registrado grandes perdas. O resultado seria que esse dinheiro extra não entraria na economia.

ESTABILIDADE FINANCEIRA

O papel dos bancos centrais não para na gestão de demanda e inflação na economia. Eles costumam ter um papel importante na manutenção da estabilidade econômica. Isso quer dizer que zelam pela saúde de todo o sistema financeiro, fiscalizando a atividade dos bancos e garantindo que os mercados estejam operando de forma equilibrada.

Eles também cumprem a função conhecida como emprestador de última instância. Essa é uma instituição que se dispõe a estender o crédito quando ninguém mais o fará. Ou seja, um banco incapaz de tomar empréstimos onde quer que seja pode recorrer ao banco central como um esforço desesperado de angariar recursos. Geralmente, o banco central como emprestador de última instância irá emprestar o dinheiro necessário, mas a um juro muito mais alto do que normalmente cobraria.

São poucas as instituições que usufruem de tal facilidade, pois se o estigma se tornar conhecido elas ficarão incapazes de conseguir crédito por outro meio. Isso poderia piorar de fato a situação da sua dívida incobrável e gerar para elas ainda mais pressão.

Foi isso o que aconteceu com o banco Northern Rock no Reino Unido em 2007. Incapaz de conseguir mais dinheiro, foi forçado a procurar o crédito de emergência do Banco da Inglaterra para ajudá-lo a ganhar um pouco mais de tempo. Quando a notícia se espalhou que o Northern Rock estava utilizando o benefício, houve uma corrida de depositantes tentando sacar seus valores com medo de que o banco quebrasse. Foi a primeira corrida aos bancos no Reino Unido em quase 150 anos.

Os bancos centrais podem ficar relutantes em sempre se dispor a fornecer recursos a qualquer banco que precisar. Saber que o banco central está sempre disponível com mais recursos pode estimular os bancos a assumir riscos demais. Os economistas chamam esse problema de risco moral. As seguradoras, por exemplo, tentam lidar com isso o tempo todo mantendo uma “franquia”. Os segurados têm que assumir esse custo antes que recebam qualquer desembolso, para assim garantir que tomem suas precauções.

Mesmo assim, os bancos centrais precisam estar a postos para fornecer recursos emergenciais, pois eles também temem que o colapso de um banco possa ter consequências em muitas outras instituições e no sistema financeiro como um todo. Isso é conhecido como risco sistêmico. O colapso do banco de investimento Lehman Brothers em 2008 gerou muito debate entre os reguladores sobre se alguns bancos não seriam grandes demais para quebrarem. Com isso, eles querem dizer que há bancos tão grandes que o seu colapso coloca em risco todo o sistema financeiro, devido à natureza interligada dos mercados.

Desde então, os bancos centrais também começaram a focar muito mais em uma abordagem chamada de macroprudencial. Isso quer dizer que eles devem observar o efeito de qualquer política reguladora não apenas em um banco em particular, mas no sistema financeiro como um todo. A ideia é que pode não haver problema para um banco ter tomado certa quantidade emprestada, mas seria muito ruim se todos os bancos estivessem com o mesmo volume de dívida. Os bancos centrais, como argumentam alguns economistas, devem ter poder para gerir esse tipo de risco se quisermos ter um sistema financeiro mais seguro.

Isso poderia incluir o controle sobre o quanto os bancos emprestam para prevenir o excesso de especulação. Por exemplo, uma ideia mencionada por muitos economistas é a de dar aos bancos centrais o poder de decidir valor de financiamento imobiliário será liberado a cada indivíduo. O banco central pode ser capaz de estabelecer um limite aos bancos que emprestem mais do que, digamos, três vezes o salário do mutuante para um crédito imobiliário.

Os bancos centrais do futuro provavelmente terão poder não apenas para definir as taxas de juros, mas terão todo um arsenal de novas armas para manter a estabilidade financeira e garantir que a economia continue funcionando.

LEMBRE-SE DISTO

Os bancos centrais são os gestores da moeda nas economias e são responsáveis pela política monetária. Eles podem aumentar a taxa básica de juros para desacelerar a economia e manter a inflação baixa e podem reduzi-la para estimular a demanda na economia.

CAPÍTULO 7
AS FINANÇAS PÚBLICAS

DO QUE SE TRATA

- O que são as finanças públicas e qual é o seu papel na economia
- De onde o governo tira o seu dinheiro
- Como os gastos do governo podem ajudar a gerir a economia
- O que é o déficit orçamentário e a dívida pública
- Como os governos financiam seu déficit
- Qual é o papel das agências de classificação de risco

O QUE SÃO AS FINANÇAS PÚBLICAS?

Os governos claramente têm um papel importante na economia, embora a proporção exata do seu envolvimento possa variar consideravelmente pelo mundo. Eles arrecadam impostos, fazem estradas, financiam a força policial e as forças armadas. Algumas vezes eles oferecem saúde e educação gratuita. Geralmente eles pagam benefícios aos desempregados ou aos doentes e idosos. O estudo das finanças públicas basicamente examina todas as formas pelas quais os governos juntam dinheiro e depois o gastam. Essas ações são conhecidas coletivamente como políticas fiscais e, neste capítulo, veremos como elas funcionam e que efeitos podem ter na economia.

Até o século 17, os governos tipicamente financiavam as despesas por meio do aumento de impostos extras (sendo as guerras as que mais exigiam do bolso do contribuinte naqueles tempos). Mas no fim do século 17 os governos concluíram que também podiam fazer empréstimos. Teriam que pagar juros, mas podiam ter o dinheiro imediatamente à mão. Assim nasceu o conceito de déficit orçamentário que continua até os dias de hoje.

Se a receita foi igual à despesa, o orçamento está equilibrado. Mas, se os gastos forem maiores do que o dinheiro que entra, o orçamento estará em déficit. Se as receitas excederem as despesas, o orçamento estará em superávit. Você pode pensar em suas finanças. Se o seu salário anual for de R$ 50.000, mas você gastar R$ 60.000, precisará tomar emprestado R$ 10.000 para financiar as despesas extras. Esse é o seu déficit.

Por outro lado, você pode ter gasto apenas R$ 40.000. Nesse caso, você economiza R$ 10.000 ou terá um superávit nesse valor.

A maioria dos países publica uma medida mensal das suas finanças, que registram o volume de toda a receita tributária menos os gastos do governo e quaisquer juros que tiveram que ser pagos sobre a dívida existente. Somando os déficits ou superávits de cada mês, fornece o saldo orçamentário do ano.

Um erro comum é confundir déficit com dívida. A dívida pública, como geralmente é chamada a soma completa dos superávits e déficits por um longo período de tempo, representa o total das obrigações de um país. Dessa forma, todos os anos em que o país registra um déficit, ele se soma à dívida pública no mesmo valor. Os superávits orçamentários, no entanto, podem ser usados para amortizar a dívida.

Embora tanto a dívida total quanto os saldos orçamentários costumem ser mostrados em valor monetário, talvez seja melhor examiná-los como uma porcentagem do PIB. Ou seja, como uma proporção da produção total do país. Isso torna mais fácil as comparações tanto históricas quanto internacionais, uma vez que, obviamente, quanto maior for a economia, maior será o déficit ou a dívida em termos de moeda.

EQUILIBRANDO O ORÇAMENTO

Então, de onde vem todo o dinheiro e para onde ele vai? A receita vem em grande parte dos impostos. Todo o dinheiro que pagamos em imposto de renda vai diretamente para o lado da receita nas finanças do governo. Igualmente irão os impostos sobre vendas ou sobre uma carteira de cigarros ou uma garrafa de vinho. As empresas também precisam pagar impostos e há todo tipo de tributo sobre várias indústrias ou transações, seja sobre os jogos de azar ou sobre combustíveis.

Enquanto isso, o consumo inclui todo o dinheiro que o governo precisa desembolsar para manter serviços como hospitais e escolas funcionando. No Reino Unido, por exemplo, os gastos do Sistema Nacional de Saúde costumam ser perto de 20% das despesas totais. Os gastos com a previdência social são de quase 30%.

Os estatísticos também gostam de diferenciar entre despesas correntes e despesas de investimento. A primeira é a despesa que vai para os pagamentos de benefícios ou salários dos funcionários do

Gastos discriminados do Reino Unido em termos porcentuais

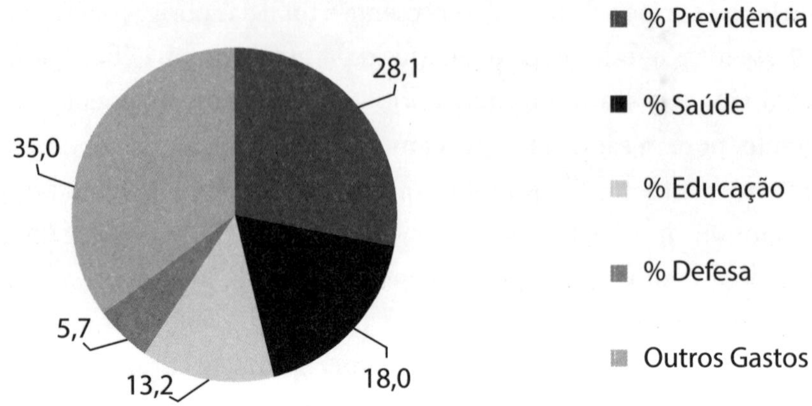

setor público: os custos operacionais, se preferir. A segunda são os gastos com infraestrutura, como novos hospitais e estradas, ou seja, os grandes investimentos extraordinários. Às vezes, os economistas falam sobre saldo primário. Ele é o saldo orçamental excluindo o pagamento de juros sobre a dívida existente.

Da mesma forma que faz sentido economizar nos períodos prósperos para que se tenha uma reserva para os dias mais conturbados, muitos economistas defendem que o governo deve tentar equilibrar o seu orçamento ao longo dos altos e baixos de um ciclo econômico. Não há intervalos definidos para um ciclo, mas pense nele como o número de anos que compreendem grandes variações na velocidade com a qual a produção econômica se expande.

Quando a economia cresce rapidamente, as receitas do governo tendem a aumentar porque há mais pessoas empregadas, ganhando mais dinheiro e, portanto, pagando mais impostos. Ao mesmo tempo, o governo provavelmente terá que pagar menos por benefícios de desempregados. Por essa razão, é mais fácil para o governo registrar um superávit.

Mas, quando a economia está desacelerando, as receitas do governo tendem a cair, pois as pessoas perdem seus empregos e as empresas lucram menos. Os gastos do governo, entretanto, podem aumentar porque há mais pagamentos de benefícios. O resultado: é mais fácil que se acumule um déficit.

A economia simplificada, portanto, sugere que os governos devem gerar superávits nos períodos de prosperidade, que poderão então cobrir os déficits nos tempos ruins.

Isso permite variações no orçamento ao longo do tempo. Vejamos um exemplo mais próximo da economia doméstica para ilustrar esses conceitos. Suponha que você tenha pago a sua conta de energia via débito autorizado a um valor fixo mensal. Durante o verão, quando o consumo de energia é menor, você talvez tenha pago a mais, gerando um superávit na sua conta de energia. Mas no inverno, quando o consumo é maior, você talvez tenha pago a menos, gerando um déficit. Ao longo do ano, no entanto, o total dos seus pagamentos mensais poderá ser suficiente para cobrir a conta anual.

Da mesma forma que você espera gastos maiores no inverno e menores no verão, os superávits e déficits orçamentários são considerados consequências naturais dos altos e baixos da economia. A receita tributária será alta e a necessidade de gastos com a previdência social será baixa quando a economia estiver forte, e o inverso quando estiver fraca. Essas mudanças naturais na arrecadação e nos gastos à medida que a atividade econômica oscila são chamadas de estabilizadores automáticos.

O déficit ou superávit que ocorre como resultado dos altos e baixos da economia é chamado de saldo cíclico. Voltando ao nosso exemplo da conta de energia, o déficit entre o que você paga no inverno e o que você de fato utilizou poderia ser pensado como um déficit cíclico. Ele seria então compensado por um superávit cíclico durante o verão.

Mas digamos que no total dos pagamentos mensais você ainda tenha pago menos pela energia que de fato consumiu durante o ano, você ainda ficaria com uma defasagem, que deve e que terá que pagar em algum momento.

Da mesma forma, o governo poderia ter uma defasagem quando o déficit de uma recessão não é pago quando a economia está em expansão. Esse seria um exemplo de déficit orçamentário estrutural.

Em que consiste o saldo orçamental

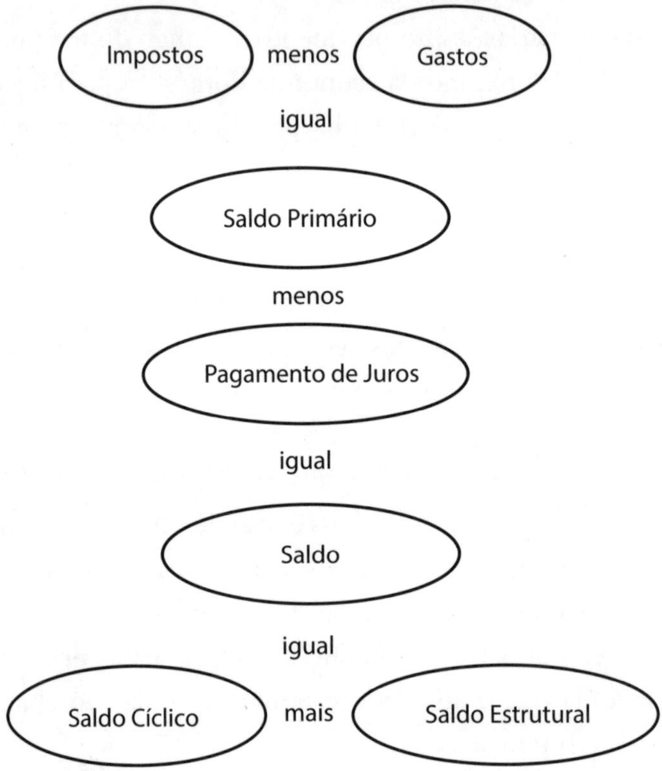

Da mesma forma que você teria que aumentar os seus pagamentos mensais de energia, o governo também teria que mudar os seus planos de gastos ou aumentar os impostos para reduzir o déficit orçamentário estrutural.

Tais mudanças explícitas de políticas são chamadas de política fiscal discricionária, em oposição às mudanças não discricionárias ou automáticas que resultam do ciclo econômico. Por exemplo, se o governo tiver um superávit estrutural, ele poderia reduzir o imposto sobre circulação de mercadorias e serviços (ICMS). Ou, se o governo entender que o déficit orçamentário estrutural está alto demais, ele poderia começar a cortar os gastos, por exemplo, reduzindo o repasse para as forças armadas ou para o funcionalismo público.

Embora ter um orçamento equilibrado ao longo do ciclo econômico possa ser considerado desejável, o grande problema para os economistas é que nunca se pode saber exatamente em que ponto do ciclo estamos. Pode levar anos até que surja o quadro completo de onde a economia está dentro do ciclo.

Como resultado, alguns economistas sugeriram que a distinção entre os saldos orçamentários estruturais e cíclicos não são tão úteis e assim propuseram a noção de déficit fiscal. Ele examina a diferença entre gastos e receitas ao longo de um extenso período de tempo e tenta representar comprometimentos futuros e fluxos de receita.

Por exemplo, melhores padrões de vida e assistência médica significam que várias economias desenvolvidas passaram a ter uma população maior de idosos que demanda benefícios, como pensões. Ao mesmo tempo, há uma proporção menor de jovens empregados e pagando impostos. Essa maior razão de dependência irá resultar em maiores déficits orçamentários ou lacunas nos anos seguintes, uma vez que haverá menos dinheiro entrando e mais dinheiro saindo.

Dívida do Reino Unido em porcentagem do PIB

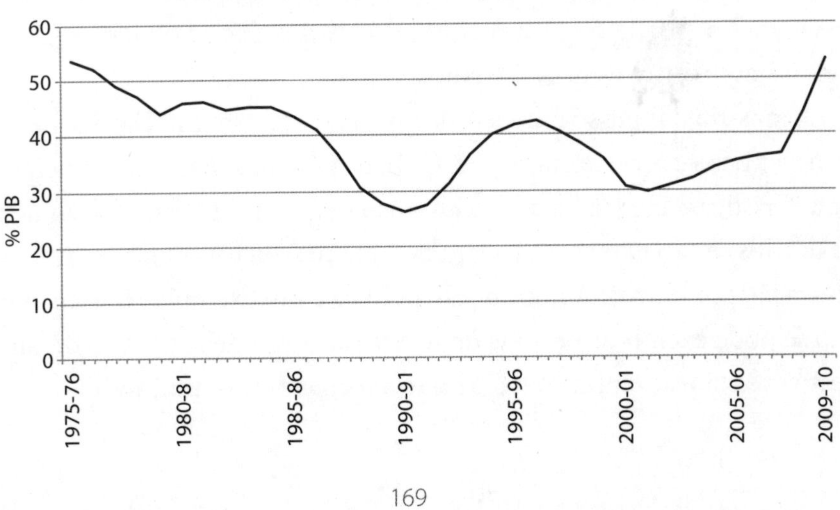

Ou seja, os economistas que calculam o déficit fiscal começam com o déficit presente, mas também irão incluir uma estimativa de quanto os gastos irão exceder a receita no futuro devido a mudanças nas tendências populacionais.

O PAPEL DO GOVERNO

Portanto, durante as crises econômicas, os gastos do governo tendem a aumentar e a receita tributária tende a cair automaticamente. O inverso também sendo verdade para o período de expansão, devido à natureza do ciclo econômico (efeitos que, como vimos anteriormente, chamamos de estabilizadores automáticos). Mas são os governos que decidem o nível dos impostos e tomam as decisões sobre gastos, o que se conhece como política fiscal discricionária.

O papel que o Estado deveria assumir na economia é uma questão que gera muito debate, e as posições costumam se dividir entre as correntes políticas. Uma visão bastante comum nas economias desenvolvidas é a doutrina do *laissez-faire*, que em francês significa literalmente "deixe estar" ou "deixe-os fazer". De acordo com essa visão, os governos devem interferir pouco e deixar o setor privado orientar o crescimento.

No lado oposto do espectro, há os que clamam por uma abordagem mais intervencionista. Eles argumentam que o governo deve ter um papel dominante, controlando as principais indústrias e fornecendo serviços. A verdade é que a maioria dos países desenvolvidos está em algum ponto entre os dois extremos.

A maioria das pessoas concorda que o Estado tem um claro papel de fornecer bens e serviços públicos. Os bens públicos têm duas principais características: eles são não exclusivos (não se pode impedir alguém de usá-los) e são não rivais (o fato de uma pessoa usá-lo não reduz sua utilização por outro). A iluminação pública é um exemplo clássico, pois não se pode excluir as pessoas de se beneficiarem dela, e o fato de uma pessoa se colocar embaixo da luz não a torna menos luminosa.

Além disso, há também os bens ou serviços de interesse social. A saúde pública é um bom exemplo. Ela pode ser fornecida no âmbito privado, e de fato o é. Mas pode não haver disposição de serviços de saúde para todos os que precisam sob um sistema unicamente privado. Portanto, pode ser considerado interessante que as pessoas tenham acesso a serviços de saúde básicos ou até avançados, que é onde o Estado pode intervir.

Gastos do governo em relação à porcentagem da renda nacional nos países do G7

	2000	2010
França	51,6	55,9
Reino Unido	36,6	52,5
Itália	46,1	51,6
Alemanha	45,1	47,9
Canadá	42,0	43,2
Estados Unidos	33,9	41,6
Japão	39,0	40,8

Pode-se ver no gráfico acima o quanto os gastos do governo britânico aumentaram em relação ao PIB, de menos de 40% em 2000 para mais de 50% em 2010. Isso reflete as escolhas que os governos têm em relação a quanto dos impostos gastarem em uma economia, ou seja, qual a extensão do papel que o Estado desempenha na vida cotidiana.

A ABORDAGEM KEYNESIANA

O economista do século 20 John Maynard Keynes também defendia um papel ativo do governo para ajudar a amenizar os altos e baixos do ciclo econômico.

Mas como realmente a ação do governo pode fazer isso? A política fiscal pode ser usada tanto diretamente quanto indiretamente para afetar a demanda. As decisões de gastos afetam a economia diretamente, e os impostos afetam indiretamente.

Para começar, imagine que uma economia esteja em uma recessão e que a demanda seja fraca. Um governo pode escolher expandir a sua política fiscal: ou seja, reduzir os impostos e aumentar os gastos. A redução de impostos deixaria mais dinheiro no bolso das pessoas, que poderiam então comprar mais, fornecendo um estímulo indireto para a demanda agregada. O aumento de impostos faria o inverso e poderia ser utilizado para frear a demanda.

Os gastos do governo, por outro lado, podem causar um efeito direto na economia, pois o dinheiro extra adquire bens e serviços para os quais não havia demanda antes. Mas, de acordo com os economistas keynesianos, o efeito dos gastos extras do governo ou da redução de impostos não acaba por aí. Ele causa um efeito dominó que impulsiona a economia ainda mais.

Suponha que o governo reduza os impostos e todas as famílias recebam R$ 50 a mais todo mês, que então serão gastos. Os donos das lojas onde essas famílias irão gastar a sua renda extra terão mais lucro, que irão utilizar para fazer mais pedidos aos donos das fábricas, que também irão ganhar mais dinheiro. Esse conceito é conhecido como multiplicador fiscal.

Ou seja, se o governo aumentar seus gastos no total de R$ 1 bilhão, mas, se os efeitos em cadeia decorrentes disso geram um aumento do PIB no total de R$ 2 bilhões, diremos que o multiplicador foi 2.

A visão de Keynes ganhou um impulso especial depois da Segunda Guerra Mundial, quando os enormes esforços militares e a reconstrução forçada forneceram um estímulo considerável à economia mundial. Ele foi a visão econômica predominante durante boa parte das décadas de 50 e 60, com a maioria dos governos aceitando que eles deveriam tentar resolver seus problemas no curto prazo, em vez de deixar as forças de mercado lidar com elas no longo prazo. Mas Keynes não defendia uma política fiscal frouxa o tempo todo. Ela deveria ser frouxa na hora de enfrentar as recessões. Ele também acreditava que a política restritiva era necessária quando a economia estava em expansão, com o intuito de controlar a inflação.

QUEM DISSE

"No longo prazo, estaremos todos mortos."
John Maynard Keynes

O pensamento keynesiano sofreu críticas na década de 70, e muitos economistas começaram a questionar se as políticas fiscais poderiam ter um impacto tão grande, pois os gastos extras teriam que ser acertados em algum momento. Um argumento contra o uso de políticas fiscais para sustentar a demanda é que as pessoas simplesmente pensarão que elas terão que pagar por elas nos anos seguintes. De acordo com essa visão, os cortes nos impostos não irão estimular um consumo maior porque as pessoas entendem que eles estão rolando um déficit que no futuro vai requerer aumento de impostos.

Esse conceito é chamado de Equivalência Ricardiana, em homenagem ao economista do século 19 David Ricardo. Mais tarde ela foi melhor detalhada pelo economista Robert Barro na década de 70.

A teoria depende de várias hipóteses que são questionadas por muitos economistas. A primeira é que ela considera que as pessoas tomam decisões racionais para o futuro. Os críticos dessa teoria questionam se as pessoas realmente pensam nos cortes de impostos hoje em termos de aumento de impostos mais tarde. Será que eles não irão simplesmente gastar o dinheiro extra? A teoria também considera que as pessoas se comportam como se elas fossem viver para sempre, quando na verdade muitas pessoas podem não se importar que os déficits maiores agora signifiquem uma maior carga tributária para as gerações futuras.

Muitos economistas argumentam que os gastos excessivos do governo podem na verdade prejudicar a economia, pois eles impedem o setor privado de operar com todo o seu potencial. Esse é um conceito conhecido como *crowding out* (efeito deslocamento). De acordo com a teoria, o maior volume de empréstimos pressiona a taxa básica de juros para cima. Isso torna mais caro o investimento das empresas privadas investirem, o que restringe o seu crescimento. Algumas pessoas também falam sobre o *crowding out* quando veem o governo fornecendo bens e serviços que poderiam ser fornecidos pelas empresas. O entendimento, obviamente, é que o setor privado poderia fornecer esses bens e serviços de maneira mais eficiente.

QUEM VOCÊ PRECISA CONHECER

Richard F. Kahn

Nascido em Londres, de pai alemão, Kahn estudou com Keynes na Universidade de Cambridge, onde se tornou membro da King's College em 1930. Seguiu carreira e se tornou professor em 1951. Kahn também trabalhou para uma das maiores personalidades que se opuseram à ideia daqueles que viam os mercados se equilibrando sozinhos, de que a abordagem intervencionista keynesiana estava se tornando simplista demais. Eventualmente ele também trabalhou para o governo britânico e para as Nações Unidas.

Kahn é conhecido por ter desenvolvido o conceito do multiplicador em 1931, que então dominou o pensamento keynesiano. De acordo com o multiplicador de emprego, a ação do governo para aumentar o nível de emprego no setor público em 100 vagas na verdade iria aumentar o nível de emprego em um múltiplo desse número. Isso se explica porque as pessoas recém-contratadas no setor público iriam gastar mais, consumir mais produtos que iriam demandar uma produção maior e, portanto, mais empregos.

Mais tarde, Keynes utilizou essa noção para o seu próprio multiplicador, que mostra a produção total da economia aumentando em um múltiplo de um determinado aumento dos gastos do governo.

Ele acreditava que o multiplicador para a economia americana da década de 30 chegava a 2,5. Isso quer dizer que para cada dólar gasto pelo governo, haveria um estímulo de US$ 2,50 para a economia. Dessa forma, ele argumentou que a melhor saída para a Grande Depressão era que o governo aumentasse seus empréstimos e gastasse à vontade.

Os economistas Carmen Reinhart e Kenneth Rogoff sugeriram que os países com grandes dívidas públicas em relação ao tamanho da sua produção tendem a crescer mais lentamente. Os dois economistas argumentam que, para os países desenvolvidos, os que têm uma dívida pública maior do que 90% do PIB poderiam ter um crescimento anual de dois pontos percentuais mais baixo do que os que têm dívida menor do que 30% do PIB.

IMPOSTOS

Já mencionamos que a principal fonte de recursos do governo são os impostos. Mas como ele decide o que taxar e em que quantidade? Mais uma vez, isso é motivo de muito debate, e os princípios podem variar ao redor do mundo dependendo da orientação política. Tradicionalmente, mais políticos de direita lutam por impostos mais baixos enquanto os de esquerda e centro preferem um sistema mais distributivo, que espalhe a riqueza da sociedade.

O economista escocês Adam Smith propôs quatro "cânones", ou princípios de tributação, com os quais a maioria dos economistas ainda concorda. Primeiro, o custo do recolhimento dos impostos deve ser baixo em relação à quantidade sendo recolhida. Segundo, o período e o valor a ser pago devem ser conhecidos pelo contribuinte. Terceiro, os meios e períodos de pagamento devem ser convenientes ao contribuinte. E, finalmente, a tributação deve ser imposta conforme a capacidade contributiva.

Hoje em dia, os economistas também acrescentam mais três princípios. Todo imposto deve envolver o mínimo de perda de eficiência, no sentido de que ele não deve mudar o comportamento das pessoas. Ele deve ser compatível com sistemas tributários estrangeiros e deve também se ajustar automaticamente a mudanças na inflação.

Os principais tipos de tributação incluem: imposto de renda de pessoa física, que se aplica aos rendimentos do indivíduo; imposto de renda de pessoa jurídica, que se aplica aos lucros das empresas; imposto sobre circulação de mercadorias, que incide sobre a venda; imposto sobre o patrimônio, que pode ser aplicado sobre os ativos do indivíduo; e impostos especiais sobre o consumo, que incidem sobre itens como cigarros, álcool e combustível.

Além disso, os economistas distinguem entre tributação direta e indireta. O imposto de renda cai na primeira categoria, pois é aplicado aos próprios rendimentos e pago diretamente ao governo. O imposto sobre circulação de mercadorias, por outro lado, é um imposto indireto, pois é cobrado sobre os bens e serviços que você paga ao vendedor, que então o paga ao governo.

Os economistas também gostam de distinguir entre a tributação progressiva, regressiva e proporcional. Um imposto progressivo é aquele em que a proporção paga aumenta à medida que a quantidade sendo taxada aumenta. Ele é comum na maioria dos sistemas de imposto de renda nos países desenvolvidos, onde as pessoas com as maiores rendas pagam uma alíquota maior. Tipicamente, o imposto de renda envolve um limite de renda abaixo do qual não há incidência de imposto. Qualquer valor acima disso pode ser tributado a uma taxa básica (20%, por exemplo). Os rendimentos em determinado nível acima disso podem ser tributados a uma alíquota maior (40%, por exemplo). Isso significa que as pessoas que recebem uma renda maior pagam proporcionalmente mais de acordo com o sistema tributário sendo utilizado para a distribuição de renda.

A tributação proporcional é quando a porcentagem paga em impostos continua a mesma, mesmo com ganho de renda. Isso geralmente é chamado de imposto uniforme, uma vez que todos, não importando a renda, pagam a mesma alíquota. Várias economias de países da Europa Oriental, como Estônia e Lituânia, têm um regime de tributação fixa.

A tributação regressiva, ocorre quando a porcentagem paga em impostos diminui à medida que a renda aumenta. Exemplos comuns são os impostos sobre circulação de mercadorias. Embora as alíquotas como porcentagem do preço da mercadoria ou serviço sejam as mesmas para todos, elas irão tomar uma fatia maior da renda dos mais pobres.

Os economistas também desejam que os sistemas tributários considerem a inflação. Então o ideal para eles seria que os limites aumentassem de acordo com o aumento de preços na economia. Os governos também precisam pensar sobre o nível adequado de tributação, pois em alguns casos definir alíquotas altas demais pode ser autodestrutivo. Por exemplo, muitas pessoas ainda viajam da Inglaterra à Europa continental para comprar estoques de bebidas alcoólicas e se beneficiarem dos impostos mais baixos da França. O governo britânico precisa medir cada decisão de aumentar os impostos sobre o álcool doméstico em relação a quantas pessoas podem começar a comprar as suas bebidas no exterior.

QUEM DISSE

"Neste mundo nada é certo, exceto a morte e os impostos."
Benjamin Franklin

Da mesma forma, aumentar demais os impostos de renda sobre pessoas físicas ou jurídicas pode levar as pessoas ou empresas a emigrarem, ou estimulá-las a evitarem os impostos por meio de brechas e medidas de elisão fiscal. Impostos altos demais também desestimulam as pessoas de trabalharem mais, fazendo muitas optarem por mais tempo livre.

A curva de Laffer, cujo nome é uma homenagem ao economista americano Arthur Laffer, tenta mostrar como se mostra a relação entre a renda do governo e as alíquotas de impostos. Laffer observou que, se não houvesse impostos (ou seja, se a alíquota fosse zero), o governo não teria receita tributária. Mas, se a alíquota fosse 100% (ou seja, se o governo tomasse tudo o que você ganha), então também não haveria receita tributária, uma vez que ninguém veria razão para trabalhar (tudo o que você ganharia seria pago em impostos).

Portanto, ele afirmou que, se você traçar um gráfico da relação entre a receita tributária e a alíquota cobrada, teria uma curva que mostra que tanto zero quanto 100% de alíquota de impostos não produziriam nenhuma receita. À medida que os impostos aumentassem acima de zero, também aumentaria a receita do governo, mas em algum ponto a receita tributária começaria a cair à medida que a alíquota se aproximasse de 100%.

Curva de Laffer

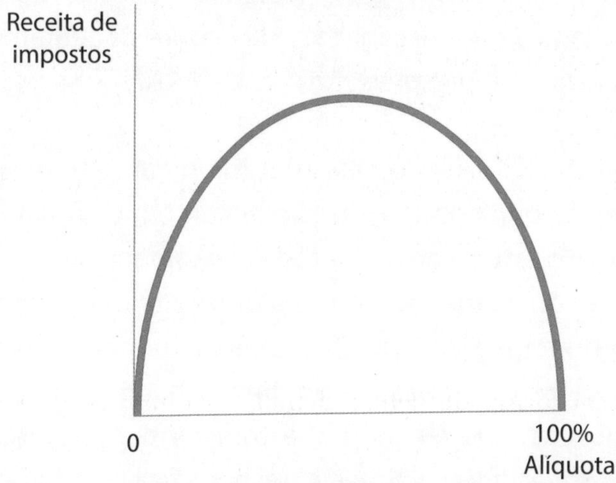

QUEM VOCÊ PRECISA CONHECER

Paul Samuelson

Paul Samuelson foi um economista americano que, mais do que ninguém, popularizou a economia keynesiana pelo mundo por meio do seu influente livro chamado *Introdução à análise econômica*. Publicado pela primeira vez em 1948, o livro alcançou 19 edições em língua inglesa e vendeu mais de 4 milhões de cópias, tornando-se o maior best-seller da área econômica de todos os tempos.

Samuelson ganhou o prêmio Nobel de Economia em 1970 e é conhecido por ser o criador do que se conhece como a síntese neoclássica: o casamento da economia keynesiana intervencionista com a tradição neoclássica dos indivíduos agindo pelos próprios interesses. Essa combinação de escolas forma o fundamento do pensamento econômico predominante atual.

O seu livro *Fundamentos da análise econômica* argumentou que os agentes ou participantes da economia tentam tirar o melhor de cada situação, seja maximizando a sua satisfação ou o seu lucro.

Ele também é famoso pela criação do conceito de estática comparativa, que nos permite medir como mudar algo na alíquota do imposto pode afetar toda a economia.

Samuelson começou seus estudos na Universidade de Chicago durante a Grande Depressão e foi para Harvard antes de se tornar professor do Instituto de Tecnologia de Massachusetts, que ele ajudou a transformar em uma faculdade de nível internacional e responsável por vários prêmios Nobel. Ele também foi consultor dos presidentes John F. Kennedy e Lyndon B. Johnson. Seu sobrinho Larry Summers também é um economista famoso e ex-secretário do tesouro americano.

Embora haja pouca evidência empírica que prove exatamente qual seria essa alíquota, a Curva de Laffer tem sido utilizada amplamente por economistas do livre mercado para justificar cortes de impostos quando as alíquotas estão altas demais.

MERCADOS DE TÍTULOS

Até agora mostramos que o déficit orçamentário é o quanto o governo gasta além da receita que arrecada em impostos. Mas de onde vem esse dinheiro extra? Para as economias mais modernas, a resposta para isso está no mercado de títulos.

Como aprendemos no capítulo 5, os títulos são promessas de pagamento de governos e empresas que os emitem. Os títulos do governo emitidos pelos Estados Unidos são conhecidos como títulos do tesouro americano e representam o maior mercado de títulos do mundo. No Reino Unido, são chamados de títulos supergarantidos (gilt--edged securities). Na Alemanha, eles são chamados de bunds, e os títulos públicos japoneses são chamados de JGBs (Japanese Government Bonds).

Um governo vende ou emite títulos para levantar recursos nos mercados financeiros internacionais. Para isso, ele paga uma taxa de juros fixa. É por isso que eles são conhecidos como títulos de renda fixa. O dia em que o valor inicial do título será devolvido é conhecido como vencimento. Por exemplo, um governo pode emitir títulos de um bilhão de reais com um prazo de cinco anos, ao final do qual ele terá que devolver o bilhão integralmente com todos os juros que incidiram nesse período.

Os juros que o governo precisa pagar dependem da taxa de juros vigente no período, da inflação e da solvência percebida do governo que o emite. Dessa forma, se fosse considerado que um país está menos propenso a quitar suas dívidas no futuro, os investidores iriam demandar uma taxa de juros maior para compensar o risco. A taxa de juros é conhecida como o cupom do título. Isso se deve ao fato de os títulos serem historicamente emitidos como certificados ao portador, e vários cupons eram impressos com ele. O portador destacava um cupom toda vez que os juros venciam e o apresentava ao governo emitente para a troca por dinheiro.

Suponha que o cupom, ou os juros, sobre um título de R$ 1 bilhão com prazo de 5 anos seja de 3%. Isso quer dizer que o governo pagaria juros de 3% todo ano sobre os títulos de 1 bilhão e, além disso, pagaria o valor de face do título no fim dos 5 anos. Você também pode imaginar a situação como um investidor, ou comprador do título, que irá receber os 3% todo ano sobre o valor de face do título, assim como todo o valor de volta em 5 anos.

Os títulos podem ter todo tipo de prazo, de alguns poucos anos até 50 ou mais. Os títulos de curto prazo costumam ser chamados de letras do tesouro. Quanto maior for o prazo, maior será a taxa de juros, pois representa um risco maior para os investidores, que precisam ser compensados por congelar os seus recursos por mais tempo. Quanto maior for a taxa de juros, mais caro se torna para o governo financiar sua dívida.

Os economistas e os profissionais do mercado de títulos costumam falar na curva de rendimentos. Isso mostra a relação entre a taxa de juros e o vencimento do título. Como se pode ver no diagrama abaixo, uma curva de rendimentos normal é uma curva ascendente, pois os mutuários provavelmente irão pagar juros mais altos por empréstimos de prazo mais longo.

Às vezes, no entanto, você poderá ver uma curva invertida ou descendente. Nessa situação, os títulos com prazos mais curtos irão atrair juros maiores. O Reino Unido passou por esse fenômeno no passado por causa da forte demanda por fundos de pensão pelos títulos de prazo mais longo. Mas isso também poderia ocorrer porque os investidores esperavam uma desaceleração econômica, que iria forçar uma queda de

O formato da curva de rendimentos

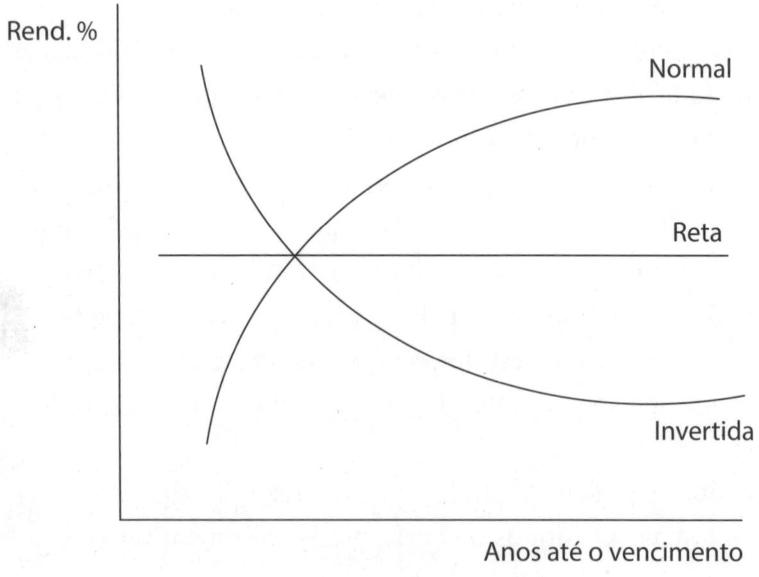

juros no futuro. Curvas de rendimentos com uma inversão acentuada podem significar que o mercado espera uma depressão.

Uma curva de rendimentos horizontal indica que não há diferença entre os juros e os vários prazos, e isso pode acontecer durante a transição entre uma situação normal e uma invertida.

Os governos precisam continuar pagando os juros da sua dívida. Se os mercados financeiros percebem algum sinal de que o país não será capaz de cumprir suas obrigações de juros ou resgates (a quitação do empréstimo), o governo provavelmente verá subir os juros que precisa pagar por seus financiamentos ou refinanciamentos.

QUEM DISSE

"Eu costumava pensar que, se houvesse reencarnação, eu gostaria de voltar como o presidente ou o papa ou como um atleta famoso. Mas agora eu gostaria de voltar como o mercado de títulos. Você pode intimidar todo mundo."

James Carville

Muitos economistas argumentam que o pagamento de juros é essencialmente um desperdício de recursos e que, se os empréstimos se tornarem altos demais, o orçamento do governo será todo comprometido apenas pelo custo de financiamento da dívida, em vez de ser gasto em bens e serviços. Outro argumento contra a contração de dívida em excesso é que ela impõe um fardo às gerações futuras.

Os investidores podem julgar quão seguros são os títulos de qualquer governo observando as classificações de risco. As três maiores agências de classificação são a Standard & Poor's, Moody's e Fitch. Da mesma forma que uma empresa de cartão de crédito pode examinar o seu histórico de pagamentos e a sua renda para avaliar a sua capacidade de pagamento, as agências de classificação de risco também examinam o histórico do país e os seus planos futuros de empréstimos para lhes dar uma nota. As grandes economias como as dos Estados Unidos, da Alemanha e da Inglaterra recebem a maior nota: AAA, pois se presume que há poucas chances de elas não conseguirem pagar as suas dívidas.

Explicando o grau de investimento

NOTA	O QUE QUER DIZER
AAA	Maior nota, dada a países como os EUA, praticamente sem chance de inadimplência
AA	Alta capacidade de cumprir todas as obrigações financeiras
A	Boa capacidade de cumprir suas obrigações, mas pode ser afetado por choques
BBB	Capacidade adequada de cumprir as obrigações, mas condições econômicas ruins podem se tornar um problema
BBB-	Levemente mais suscetível a más condições financeiras, sendo o menor grau de investimento no qual os bancos podem investir
BB+	Razoável no curto prazo, mas questões de longo prazo pode torná-lo suscetível às más condições econômicas
B	Mais vulnerável às más condições econômicas, mas no momento é capaz de pagar suas obrigações
CCC	Atualmente vulnerável e dependente de condições econômicas favoráveis.
CC	Altamente vulnerável
C	Extremamente vulnerável

NOTA	O QUE QUER DIZER
D	Inadimplente

AS MORATÓRIAS SOBERANAS

Mas o que acontece quando um país não é capaz de pagar? Isso é conhecido como moratória soberana. Embora não haja tribunais que possam executar um país por sua dívida, os inadimplentes soberanos encontrarão dificuldade para conseguir outro financiamento.

As moratórias soberanas podem ter grandes implicações para os mercados financeiros internacionais, e os formuladores de políticas se preocupam com o efeito dominó, isto é, um país indo à falência pode desencadear uma reação em cadeia que gere uma onda de vendas e prejuízos.

O que costuma acontecer é que o Fundo Monetário Internacional ajuda na reconstrução da dívida do país, para que os credores pelo menos recebam algo de volta. Por exemplo, a Argentina declarou moratória da sua dívida em 2002 e propôs um plano para trocar os títulos públicos que valiam um total de US$ 95 bilhões com juros a 15% por títulos de prazo mais longo e com juros bem menores.

No início de 2010, houve uma grande preocupação de que a Grécia não seria capaz de cumprir as suas obrigações. O pânico se espalhou pelos mercados financeiros, uma vez que qualquer inadimplência iria atingir gravemente os bancos em posse de títulos gregos, e a crise iria se espalhar pela zona do euro. O resultado foi que os governos europeus se reuniram para criar um fundo de resgate para Grécia na tentativa de afastar qualquer inadimplência.

O pânico serviu de lembrete para os governos de que eles não podem sair acumulando dívidas indefinidamente. Em algum momento, os mercados irão começar a demandar o dinheiro de volta se parecer que as finanças públicas de um país estão em um caminho insustentável. Isso apenas mostra quão importante é para os governos medir suas decisões de quanto eles querem gastar contra o quanto de impostos eles querem aumentar.

LEMBRE-SE DISTO

Os governos arrecadam dinheiro por meio de impostos e o gastam com bens e serviços, como estradas e segurança pública. A diferença entre o que o governo arrecada e o que ele gasta é o saldo orçamentário. Qualquer defasagem é chamada de déficit e deverá ser financiada por meio de empréstimos.

CAPÍTULO 8

O MERCADO IMOBILIÁRIO

DO QUE SE TRATA

- Tipos de propriedade e como medir os preços de imóveis
- Que fatores influenciam o preço dos imóveis
- Como julgar se as casas são financeiramente acessíveis
- Por que um investidor poderá comprar imóveis
- Que impacto tem o mercado imobiliário na economia em geral
- Por que as bolhas imobiliárias podem ocorrer

O QUE É O MERCADO IMOBILIÁRIO?

Livros-texto sobre economia não costumam ter um capítulo sobre o mercado imobiliário. No entanto, ele pode ter um impacto considerável na economia em geral (aliás, o inverso também pode acontecer), por isso é um assunto indispensável para se abordar. Afinal, os altos e baixos do mercado imobiliário foram associados às expansões e recessões da economia como um todo em várias situações no passado. E, mais recentemente, foi a crise do mercado imobiliário dos EUA, a partir de 2006, que causou a crise do *subprime*, que veio a se tornar a maior crise financeira por uma geração.

Antes de entrarmos nos fundamentos de como o mercado imobiliário funciona, vamos explorar algumas noções básicas sobre a propriedade (ou o bem imóvel, como é chamado algumas vezes). Podemos dividir o mercado em dois principais tipos. Primeiro, os imóveis comerciais são aqueles que os varejistas e produtores precisam como base para vender ou produzir seus produtos e serviços. Pense em uma loja no centro da sua cidade, uma planta industrial ou um escritório onde funciona um call center.

E, segundo, há o mercado de imóveis residenciais, que iremos abordar neste capítulo. Eles são os apartamentos e as casas que vemos à venda ou para alugar nas janelas das imobiliárias e nos seus sites na internet.

Assim como os imóveis comerciais, os imóveis residenciais podem ser comprados à vista ou por meio de um empréstimo (ou financiamento). O proprietário pode morar no imóvel ou alugá-lo, deixando a propriedade para que outra pessoa more.

Os locadores não precisam ser apenas indivíduos: é comum que os locatários aluguem suas casas de empresas privadas ou, às vezes, do setor público. Seja o imóvel ocupado pelo dono ou alugado a outra pessoa, dizemos que é um direito de propriedade do imóvel. O gráfico abaixo mostra como a proporção de casas próprias varia consideravelmente em diferentes países.

O mercado imobiliário

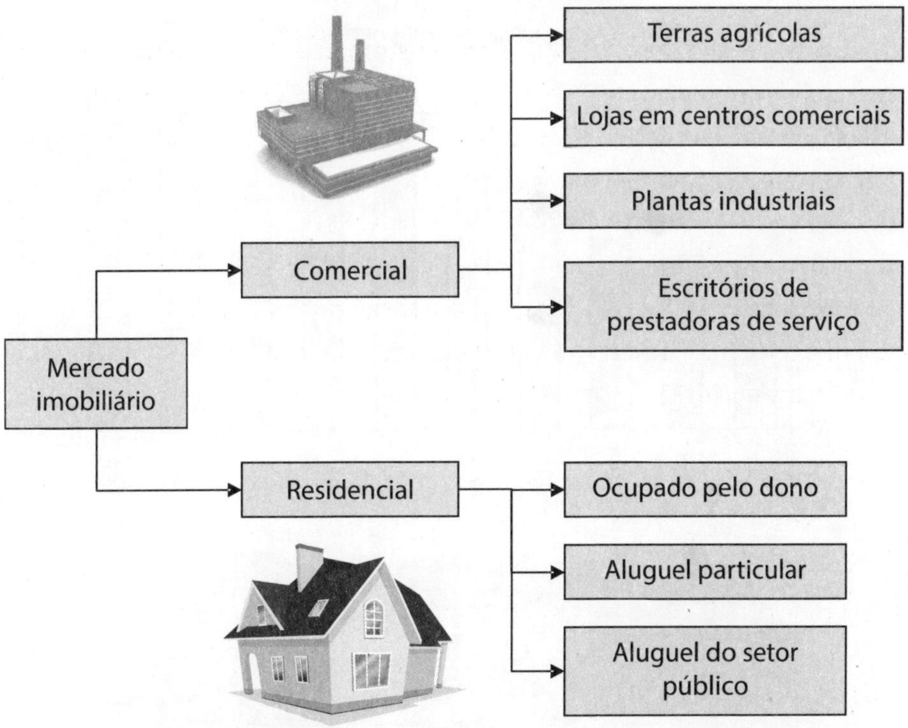

Neste capítulo, veremos em especial o mercado da casa própria (imóveis para ocupação própria e permanente), uma vez que as grandes flutuações no preço dos imóveis impactaram consideravelmente a performance da economia como um todo. Há vários submercados diferentes dentro do mercado imobiliário: o tipo de pessoa que demanda uma casa não geminada na área rural, por exemplo, será muito diferente da que demanda um apartamento com cobertura na cidade. Mas, para simplificar, vamos analisar o mercado imobiliário mais geral. Vamos também dar uma pincelada em como funciona o mercado de aluguéis quando examinarmos mais de perto o ato de comprar para alugar.

Os imóveis são ativos, assim como o dinheiro. Embora eles possam ser mais ilíquidos do que o dinheiro (são mais difíceis de serem convertidos em um meio de troca), são reservas de valor e podem ser usados como um investimento, como veremos mais adiante neste capítulo. Deste ponto em diante, iremos nos referir a "preço de imóveis"

Proporção de casas ocupadas pelos proprietários na Europa

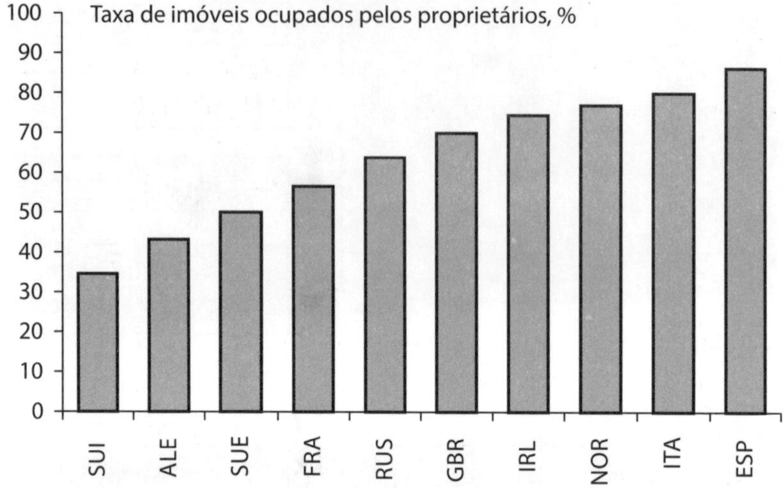

QUEM DISSE

"São tangíveis, são sólidos, são belos. São artísticos, no meu ponto de vista, e eu simplesmente adoro imóveis."

Donald Trump

como o preço de imóveis residenciais em geral, incluindo todo tipo de casa própria (tanto apartamentos quanto casas).

COMO MEDIMOS OS PREÇOS DOS IMÓVEIS

Nos países desenvolvidos, tende a haver um foco muito alto nos preços dos imóveis. É o assunto de muitas conversas de bar: todo mundo parece ter uma opinião sobre como o preço dos imóveis pode ou não mudar no futuro. Em alguns países, essa fascinação é maior do que em outros. Veja, por exemplo, o Reino Unido. Há uma estatística impressionante: em média duas medidas de preços de imóveis são publicadas a cada semana do ano. Esse é o tamanho do interesse das pessoas em como o preço dos seus ativos mais valiosos (o imóvel onde moram) muda.

Os preços de imóveis são publicados mensalmente, às vezes em termos de valor (por exemplo, o preço médio de uma casa em libras esterlinas no Reino Unido, dólares nos EUA ou euros na Europa continental) e às vezes na forma de um índice (determinando-se os preços de um ano-base em 100). Mas não é assim que você vai ver normalmente noticiado na mídia; o foco maior é o quanto os preços de casas mudaram no último mês ou ano, geralmente expressos em uma porcentagem de aumento ou queda.

Assim como a atividade econômica, os preços das casas costumam ser ajustados às variações cíclicas causadas pela época do ano. Afinal, nós não vamos querer interpretar uma baixa nos preços durante um mês tipicamente calmo como uma queda tendencial no preço dos imóveis. Por exemplo, os preços dos imóveis normalmente sobem mais no primeiro semestre do ano e costumam cair no segundo semestre, por isso os ajustes sazonais são tão importantes para eliminar essas variações mensais.

Uma questão mais problemática é a junção das propriedades vendidas em um dado período. Imagine, por exemplo, que em determinado mês foram vendidos vários pequenos apartamentos, mas que o mês seguinte foi dominado pela venda de casas não geminadas. É claro, os preços irão subir porque esse tipo de casa está sendo mais vendido no segundo mês do que no primeiro. Mas o que queremos realmente saber é se os preços dos mesmos tipos de casa ou apartamento estão em alta: não queremos que os indicadores de preço das nossas casas sejam influenciados pelo tipo de casa sendo vendido.

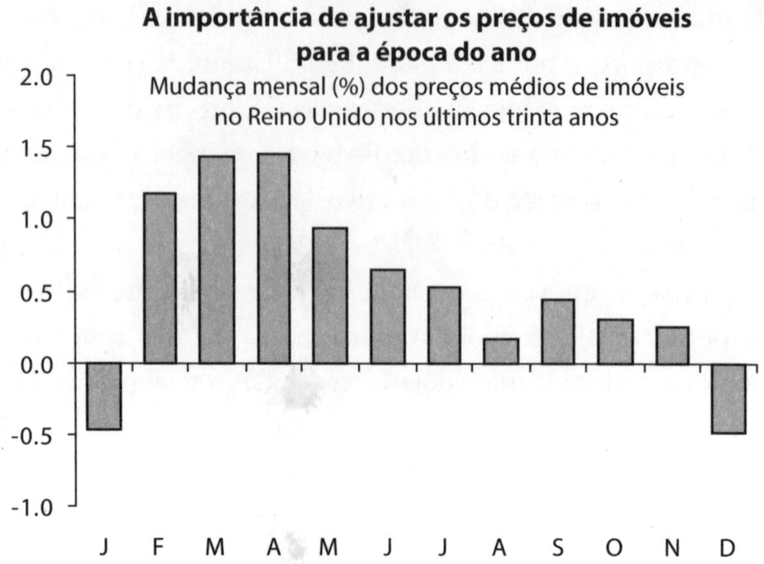

É por isso que a maioria das medições de preços de imóveis tenta levar em consideração o tipo de imóvel sendo comprado e vendido em cada período. Há duas maneiras principais de se fazer isso. A primeira é utilizando um ajuste estatístico conhecido como "método de estratificação". Esse método ajusta o preço ao tamanho do imóvel sendo negociado, assim como outros fatores, como localização e padrão de acabamento. Resumidamente, vamos tentar fazer as casas negociadas em um período comparáveis às negociadas em outro. É assim que dois dos índices de preços de imóveis mais populares do Reino Unido são calculados: o da cooperativa de crédito Nationwide e o do banco Halifax.

Uma segunda maneira de garantir que estamos isolando apenas as mudanças tendenciais no preço dos imóveis é utilizando os dados da mesma casa, toda vez que ela estiver à venda. Esse é o chamado método de "vendas repetidas", mas ele é complicado pelo fato de que a mesma casa não fica à venda com frequência. Essa é a metodologia do índice de preços de imóveis mais famosa dos EUA: o Índice Case-Shiller, cujo nome é uma homenagem aos seus criadores Karl Case e Robert Schiller.

Os índices de preços de imóveis nem sempre dizem a mesma coisa. Às vezes, eles podem se mover em direções diferentes uns dos outros, um aumentando e outro diminuindo no mesmo mês. Há algumas razões para isso acontecer. Primeiro, algumas medições podem pesar mais para certas regiões ou tipos de imóvel (por exemplo, apartamentos baratos versus casas não geminadas caras), que podem subir ou descer em ritmos diferentes. Alguns índices chegam a excluir certas transações se forem altas demais, já que podem acabar distorcendo o cálculo.

Segundo, e talvez o mais importante, os preços podem ser medidos em diferentes pontos da transação. Por exemplo, alguns indicadores são elaborados para medir os preços pedidos, ou o preço com o qual os imóveis são colocados no mercado (o que, após uma boa barganha, não é necessariamente o preço pelo qual é vendido no fim). Isso é claramente no início do processo de venda. Um pouco mais tarde, os preços são medidos quando o comprador consegue a aprovação de um crédito imobiliário para o imóvel que pretende comprar, ponto no qual ele provavelmente já concordou de forma geral com o preço pelo qual o imóvel será vendido. E, mais adiante, ainda podemos medir os preços no momento em que a casa é finalmente negociada e as chaves entregues.

Qualquer que seja o estágio do processo, quando você ouvir algo sobre os preços de imóveis no noticiário ou nos jornais, será quase sempre a respeito do preço à vista (ou preço "nominal"). Mas geralmente é uma boa ideia ajustá-lo à inflação na economia. Dessa forma, se os preços dos imóveis estiverem subindo em 10% e a inflação foi 4%, por exemplo, o preço "real" dos imóveis (o aumento além da inflação) seria de 6%. Isso nos dá uma ideia melhor de como o preço dos imóveis está mudando em relação à taxa subjacente de preços na economia de forma geral.

O QUE PRESSIONA O PREÇO DOS IMÓVEIS?

Se você leu este livro até aqui, isto não será surpresa: o preço dos imóveis geralmente é determinado pelas interações de oferta e demanda. Quando a demanda é alta, os vendedores sabem que podem obter um bom preço pelo imóvel, e geralmente irão segurar a negociação até que apareça alguém disposto a pagar mais. Da mesma forma, quando há vários novos imóveis surgindo no mercado, pode ser difícil encontrar compradores para todos eles, e os descontos podem ser necessários para atrair compradores em potencial.

Na verdade, quando vemos os preços de imóveis mudando, nem sempre fica claro se é o preço da terra que está mudando ou se é o preço do tijolo e da argamassa em cima dela. Na maioria dos casos, as duas são inseparáveis. Mas, como o preço dos materiais de construção não costuma mudar de preço tanto quanto as casas, é provavelmente mais seguro afirmar que o preço dos imóveis tem mais a ver com a terra ocupada pelo imóvel do que com o imóvel em si.

Para começar, vamos pensar nos fatores que influenciam a demanda por imóveis:

- ***Taxas de financiamento***. A maioria das pessoas precisa de um financiamento para comprar uma casa e, quanto mais alto for o custo do empréstimo (ou seja, os juros), menor será o provável número de compradores.
- ***Disponibilidade de crédito***. Não é apenas o custo do empréstimo que é importante, mas também a sua disponibilidade. Se os bancos estiverem com pouca liquidez e com dificuldades para emprestar, como foi o caso na recente crise do crédito, isso por sua vez limitaria a demanda por imóveis.
- ***Renda das famílias***. Uma casa ou apartamento costuma ser a maior compra que uma família faz durante a vida. O tamanho da

casa com a qual elas podem arcar irá depender da renda, tanto agora quanto no futuro. Na economia como um todo, a renda das famílias irá depender do número total de pessoas empregadas.

- ***População.*** O crescimento da população e mudanças na sua composição, principalmente o número de pessoas no grupo etário mais suscetível a comprar imóveis, é um fator importante que irá afetar a demanda total por imóveis na economia. Uma população mais velha em muitos países desenvolvidos nas próximas décadas pode limitar a demanda por imóveis no futuro, mas a imigração e a maior longevidade em alguns países pode sustentá-la.
- ***Expectativa e confiança.*** Uma pessoa pode estar menos propensa a comprar uma casa quando ela imagina que o preço irá cair no futuro, e mais propensa quando acredita que os preços irão subir. É por isso que os altos e baixos no mercado imobiliário podem ser com frequência autorreforçados.
- ***Tributação.*** Alguns sistemas tributários estimulam a compra de imóveis, outros não. Mudanças no regime tributário podem ser importantes, principalmente para quem está considerando a compra de um segundo imóvel para investir, o que gera imposto sobre o ganho de capital quando vendido.
- ***A moeda.*** Se a moeda for fraca, ela pode atrair os compradores estrangeiros para o mercado, pois tornará os preços dos imóveis naquele país mais baixos.
- ***A taxa de inflação.*** O nível geral de inflação de preços pode ter um efeito importante na demanda por imóveis. A inflação mais alta não apenas tende a pressionar para cima as taxas de juros, mas também aumenta as prestações dos primeiros anos de financiamento imobiliário para o comprador em relação à sua renda, como ilustra o gráfico a seguir. Como se pode imaginar, a inflação mais alta torna mais difícil para uma família depender de um empréstimo para realizar o sonho da casa própria.

O efeito da inflação nas parcelas de financiamento imobiliário

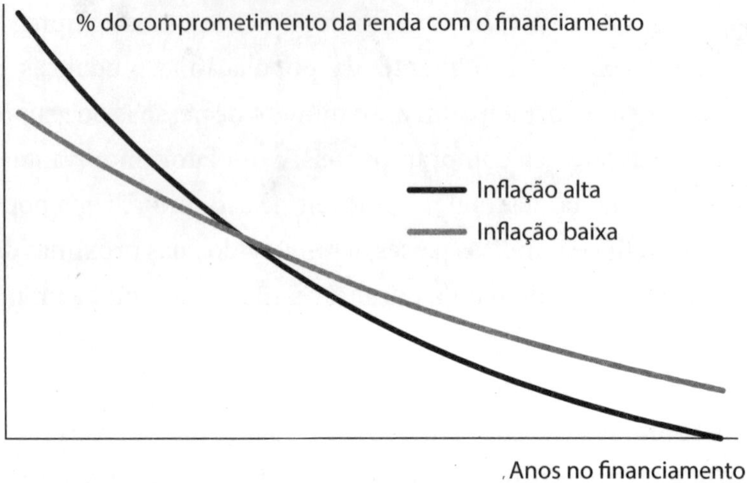

O preço dos imóveis também irá influenciar a demanda; como mostra a linha descendente no gráfico a seguir, quanto mais alto for o preço das casas, menos as pessoas em geral irão querer comprá-las.

E quanto à oferta de casas? No curto prazo, a oferta depende de quantas pessoas querem vender suas casas. Mas no longo prazo ela irá depender de quantas casas existem no país. Como se pode imaginar, isso não é algo que muda rapidamente. O número de casas próprias e de imóveis novos, portanto, não pode mudar muita coisa em resposta a mudanças no preço dos imóveis. Por isso fizemos uma linha íngreme para representar a oferta de imóveis no próximo gráfico. Os engenheiros podem querer construir mais casas para vender se o preço delas aumentar, mas as regras de planejamento urbano e a disponibilidade de espaço podem evitar que eles o façam com facilidade. Nós descrevemos a oferta como sendo relativamente "inelástica" em se tratando de como ela responde a mudanças de preço.

O ponto no qual os compradores e vendedores estão ambos felizes e dispostos a negociar é mostrado onde as linhas de oferta e demanda cruzam no gráfico acima. As bolhas costumam crescer nos preços de

A demanda e oferta de imóveis

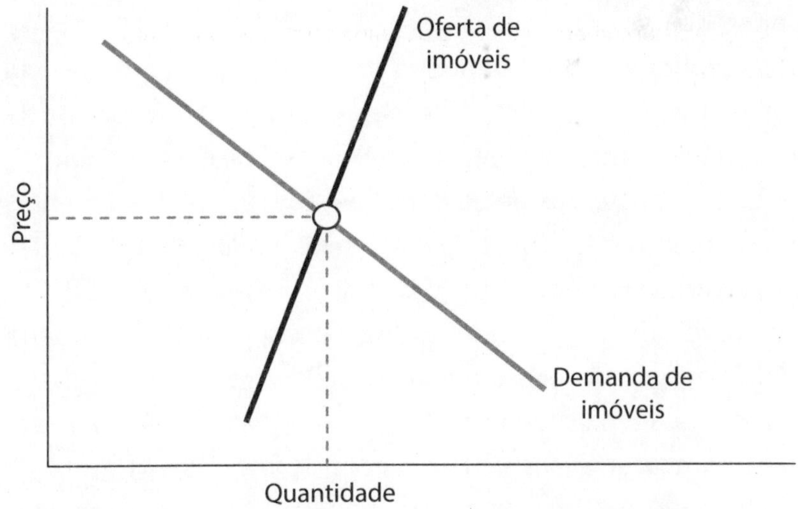

ativos como imóveis (assim como o fazem em outros ativos, como ações e moedas) à medida que as pessoas se precipitam e começam a acreditar que os preços deveriam ser mais altos do que o realmente justificável. As expectativas de futuros ganhos de capital empurram a curva de demanda ainda mais alto.

QUEM VOCÊ PRECISA CONHECER

David Hendry

David Hendry é um economista britânico que se especializou no uso das estatísticas para explicar as relações econômicas: uma área chamada de econometria. Ele foi um dos primeiros a utilizar tais técnicas para explicar como a demanda e a oferta no mercado imobiliário interagiam para determinar os preços de imóveis. Há quase trinta anos, ele escreveu um importante artigo, que ainda hoje é citado por economistas que fazem previsões sobre o mercado imobiliário (intitulado "Econometric modelling of house prices in the United Kingdom").

A econometria desempenha um papel importante na vida dos economistas, permitindo-nos quantificar a importância da conexão entre variáveis econômicas. Por exemplo, imagine que quiséssemos estabelecer o impacto da relação entre o rendimento das famílias versus taxas de juros sobre o preço dos imóveis. Poderíamos fazer isso utilizando uma técnica econométrica chamada de análise de regressão, que poderia nos dizer quão fortes são essas relações e o quanto poderíamos contar com os rendimentos e com as taxas de juros (neste caso) para fazer previsões dos preços de imóveis no futuro.

Podemos utilizar as técnicas econométricas para examinar os preços de imóveis entre regiões (análise por amostragem) ou ao longo do tempo (série temporal). O professor Hendry especializou-se na econometria da série temporal. É uma área complicada, ainda mais porque muitas variáveis econômicas crescem com o tempo, aumentando o risco de que quando encontrarmos a relação entre dois ou mais indicadores ela seja artificial (por exemplo, os preço dos imóveis e a temperatura global podem ambos aumentar com o tempo, mas isso não quer dizer que uma coisa leva à outra).

E, como a resposta da oferta pode ser relativamente estática, geralmente é esse tipo de mudança na demanda que causa reajustes nos preços.

CAPACIDADE FINANCEIRA

Uma maneira pela qual os economistas gostam de julgar se o mercado imobiliário acertou (ou seja, se o preço dos imóveis é apropriado ou não, ou se estamos dentro de uma bolha) é examinando as medições da capacidade financeira das famílias. O conceito é relativamente simples: para um comprador típico, quão viável seria economicamente comprar um imóvel com os preços atuais? Não existe uma medição "certa" para a capacidade financeira, então vamos examinar as medições mais comuns, assim como as suas vantagens e armadilhas.

Primeiro, vamos tomar a média de preços dos imóveis e compará-la à renda líquida de impostos que uma típica família recebe. Isso nos dá a nossa primeira medição de capacidade financeira: a relação entre preço dos imóveis e a renda. Outra maneira de entender isso é pelo número de anos de renda familiar que são necessários para comprar uma casa. Imagine se essa relação fosse, por exemplo, de 4: isso significa que uma família teria que poupar cada centavo da sua renda pelos próximos quatro anos para poder comprar uma casa à vista a preço corrente.

A razão para que essa relação seja acompanhada tão de perto é que os bancos costumam restringir o valor dos financiamentos que estão dispostos a liberar com base nas rendas dos interessados. Assim, quanto mais altos forem os preços em relação às rendas, mais difícil será de conseguir um financiamento. Os bancos também especificam o valor máximo que estão dispostos a emprestar como uma porcentagem do valor da casa. Então, por exemplo, um banco pode não permitir que a pessoa financie mais de 75% do valor do imóvel. Ou outra forma de explicar isso: o banco exige que o comprador dê seu jeito para conseguir 25% de entrada.

Por que os bancos limitam os empréstimos em relação à renda? Porque os juros do empréstimo serão pagos com base na renda familiar, e os bancos precisam ter certeza de que a família ganha o suficiente para conseguir pagá-los junto com o próprio empréstimo. E, quanto a limitar o valor do financiamento em relação ao valor da casa, isso é feito para se proteger de algo que os economistas chamam de "risco moral" (lembre-se de que abordamos esse conceito no capítulo 6 sobre os bancos centrais). Ao colocar um valor considerável de entrada, o banco garante que o comprador tenha um interesse pessoal na casa e no pagamento das parcelas. Os financiamentos que forem altos em relação tanto à renda quanto ao valor do imóvel são inerentemente mais arriscados para o banco liberar, portanto tendem a colocar juros maiores ao mutuário.

Há um problema na relação entre os preços de imóveis e a renda para julgar a capacidade financeira. Embora ela nos ajude saber quão alto os preços dos imóveis são para um potencial comprador, isso não nos diz o que eles são capazes de pagar em juros de forma prolongada. A razão disso é que a relação entre o preço do imóvel e a renda não leva em consideração a taxa de juros. O que pode parecer um múltiplo razoável a determinada taxa pode se tornar inacessível caso os juros aumentem. Dessa forma, outra maneira de medir a capacidade financeira é a relação entre a parcela do financiamento e a renda.

O efeito da recapitalização

	Primeiro período	**Segundo período**
Preço do imóvel	R$ 200.000	R$ 400.000
Renda	R$ 50.000	R$ 50.000
Relação preço/renda	**4,0**	**8,0**
Financiamento	R$ 150.000	R$ 300.000
Entrada	R$ 50.000	R$ 100.000
Taxa de juros	5,0%	2,5%
Total de juros anuais	R$ 7.500	R$ 7.500
Relação juros/rendimento	15,0%	15,0%

Os juros mudaram muito nas últimas décadas. Em termos reais (ou seja, depois que corrigimos a inflação do nível geral de preços), os juros dos financiamentos têm caído nas economias desenvolvidas nos últimos vinte anos, tornando mais fácil para as pessoas conseguirem comprar casas mais caras em relação à sua renda. Em outras palavras, a relação suportada ou de equilíbrio entre o preço dos imóveis e a renda será maior quando os juros caírem permanentemente para níveis mais baixos.

Vamos ilustrar isso com um exemplo. Veja o quadro da página 198. Nele, consideramos que no primeiro período uma família com uma renda anual de R$ 50.000 por ano compra uma casa no valor de R$ 200.000, financiando 75% desse valor (portanto, dando 25% de entrada). Isso quer dizer que a relação entre o preço e a renda é um múltiplo de 4 (R$ 200.000 dividido por R$ 50.000). No primeiro período, estipulamos os juros em 5%, o que quer dizer que a família irá pagar R$ 7.500 por ano em juros ao banco (ou seja, 5% do financiamento de R$ 150.000). A relação entre os juros anuais e os rendimentos é de 15%.

Agora, imagine que os juros de repente caiam de 5% para 2,5%. Isso torna a casa muito mais acessível para os mutuários do financiamento. Podemos colocar a seguinte questão: quanto os preços dos imóveis podem subir na situação de juros mais baixos do segundo período, de maneira que o múltiplo da relação entre os juros e a renda se mantenha o mesmo? O que se mostra é que, quando os juros caem pela metade, os

Queda na taxa de juros reais de financiamento imobiliário no Reino Unido nos últimos vinte anos

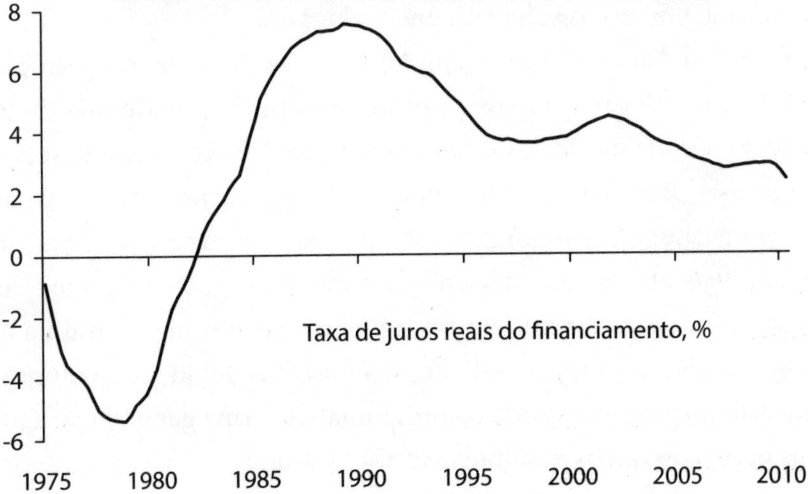

preços dos imóveis (portanto a relação preço/renda) pode dobrar sem prejuízo da capacidade financeira na relação juros/renda.

Isso foi o que aconteceu com muitos mercados imobiliários durante as décadas de 90 e 2000. Os juros reais caíram (veja o gráfico anterior), o que forçou para cima o nível suportado de preços de imóveis em relação às rendas. Esse fenômeno, em que o impacto dos juros mais baixos é sentido nos preços de imóveis mais altos, é chamado de "recapitalização". É claro, no fim os juros mais baixos não vieram para ficar e vão voltar a subir no futuro, e a recapitalização pode fazer o trabalho inverso: juros mais altos significam que o nível suportado de preços de imóveis será mais baixo.

IMÓVEIS COMO INVESTIMENTO

Nem todo mundo compra imóvel para morar. Algumas pessoas o compram como um investimento, na esperança de que o aumento dos preços junto com o aluguel que recebem dos inquilinos extrapolem os juros pagos no financiamento que fizeram para comprá-lo. Nem todos os donos de imóveis que alugam o fazem por escolha própria. Alguns se tornaram o que se chama de "locador por acidente" (accidental landlord): eles decidiram se mudar, mas não estão conseguindo vender seu imóvel, por isso resolveram então alugá-lo.

O Reino Unido é um exemplo interessante, com programas de compra para alugar altamente promovidos no fim da década de 90 e início da década de 2000. Os bancos e outros fornecedores de serviços financeiros prometeram aos locadores financiamentos especiais, que eram abundantes durante esse período de excessos financeiros. Refletindo o fato de que estavam operando um negócio e de que o risco envolvido era maior, esses empréstimos em geral utilizavam uma taxa de juros maior e tinham condições mais estritas do que se a compra do imóvel fosse para morar. Mas o programa, de forma geral, levou a juros mais baixos do que normalmente seria o caso.

O objetivo do programa era originalmente ajudar o setor privado de aluguéis, que estava em declínio de longa data. Mas isso também levou a um forte aumento na demanda por imóveis residenciais, que foram tirados do mercado da casa própria e oferecidos para aluguel por pessoas que compravam unicamente para esse propósito. O aumento acentuado no preço dos imóveis no Reino Unido entre a metade da década de 90 e o início da crise do crédito em 2007 foi sem dúvida estimulado por esse esquema. Isso aconteceu como parte de um fenômeno de escala global, em que os investidores que estavam recebendo retornos baixos em outro lugar (ações e juros) procuravam novas oportunidades para investir seu dinheiro. Isso foi chamado de *search for yield* (busca por ganhos) e costumava envolver riscos extras com vista a obter mais retorno quando em geral os juros estavam baixos.

Isso nos traz à terceira medição de capacidade financeira, que é especialmente útil para os investidores na hora de decidir se é uma boa ideia comprar e alugar um imóvel. Ela é a do rendimento de aluguel: quanto o aluguel do imóvel rende por ano comparado ao preço que o investidor precisa pagar por ele.

Considere um apartamento que custa R$ 200.000: se o investidor puder ter um rendimento anual de R$ 10.000 por ele, a sua renda de aluguel será de 5%.

Mas isso é em termos brutos; ou seja, é a porcentagem de retorno que um investidor receberia se não houvesse deduções. Mas na realidade existe a comissão do corretor, as despesas de serviços, os impostos, o custo de manter as coisas em ordem para o inquilino, além dos intervalos em que o imóvel estiver desocupado. Depois de contar todos esses custos, o retorno do locador será menor: chamamos isso de rendimento líquido (líquido de todos os custos). Junto com a expectativa de quanto o preço dos imóveis irá aumentar no futuro, isso é o que o locador deve comparar ao custo de manutenção do apartamento, incluindo a taxa do financiamento e o retorno alternativo que poderia ser ganho investindo o dinheiro em outro ativo (lembre-se no capítulo 5 do que chamamos de custo de oportunidade). Se a combinação do rendimento de aluguel e o ganho de capital esperado for consideravelmente maior (para compensar o risco envolvido) do que o custo de financiar o imóvel, então faz sentido comprar para alugar.

Essa maneira de avaliar a capacidade financeira tem raízes na teoria dos preços dos ativos. Pense em quando você compra ações de uma empresa: o que influencia quanto você está disposto a pagar por ela é quanto de dividendos serão pagos a você anualmente por deter as ações e também quanto você imagina que elas irão se valorizar no futuro. Um investidor do mercado imobiliário pensa no preço do imóvel da mesma maneira que o investidor do mercado de ações pensa no preço das ações, considerando os aluguéis pagos como se fossem os dividendos.

Medições da acessibilidade financeira de imóveis – Reino Unido como exemplo

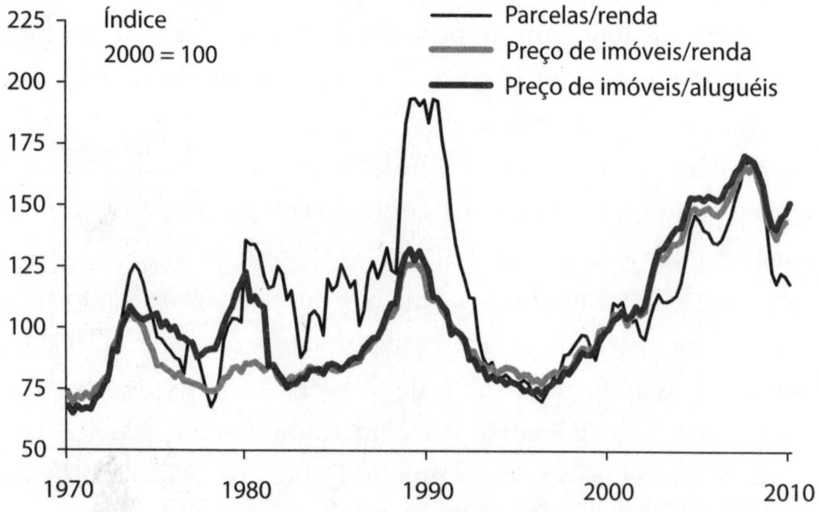

A IMPORTÂNCIA DO MERCADO IMOBILIÁRIO NA ECONOMIA EM GERAL

Uma das razões pela qual os economistas gastam tanto tempo analisando o mercado imobiliário é o impacto que ele exerce na economia em geral. Eventos no mercado imobiliário podem afetar o ritmo de crescimento da economia, a taxa de inflação e, consequentemente, a taxa básica de juros que o banco central determina.

O primeiro ponto importante é que a relação entre o mercado imobiliário e a economia em geral pode variar consideravelmente tanto em diferentes países quanto ao longo do tempo. Veja o gráfico abaixo. Ele mostra, para os EUA e para o Reino Unido, a relação entre o aumento dos preços dos imóveis e o aumento do consumo das famílias na economia (ambos corrigidos pela inflação) em um longo período de tempo: 100% indica uma relação positiva perfeita entre os dois (ou seja, ambos sobem e descem ao mesmo tempo) enquanto zero indicaria que não há relação. Como se pode ver, o consumo e os preços dos imóveis tendem a se mover quase sempre no mesmo sentido.

Relação entre preços de imóveis e consumo

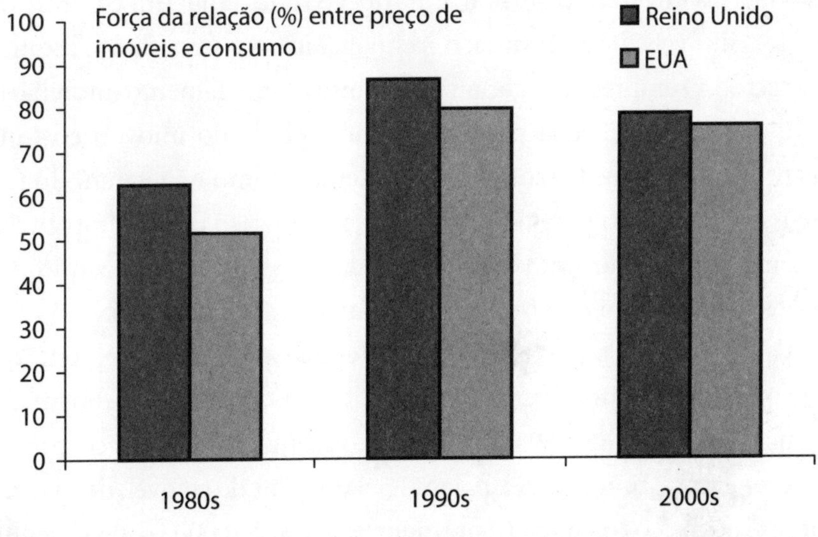

Mas por que será que existe uma relação tão forte entre o aumento dos preços dos imóveis e o aumento do consumo (e consequentemente o da economia)? E seria razoável concluir que é o mercado imobiliário que orienta a economia ou será o inverso?

A teoria de que o mercado imobiliário influencia a economia costuma se basear em um fenômeno chamado de "efeito riqueza". Quando o preço dos imóveis aumenta, as pessoas que os possuem se sentem mais ricas, uma vez que o preço do seu ativo mais valioso aumentou. Elas podem se sentir mais confiantes quanto ao estado da economia e as expectativas de emprego, o que as estimula a sair e consumir. Além disso, o imóvel é uma parte importante da poupança doméstica: é um ativo que pode ser liquidado na aposentadoria, talvez para se mudar para uma casa menor e aproveitar o lucro para gastar. Se o preço da casa subir, portanto, há menos necessidade de economizar para a aposentadoria. E, para qualquer dada quantidade de renda que você receba, maior será o consumo quanto menor for a poupança.

Há também mais ligações diretas entre os preços dos imóveis e o consumo na economia do que o efeito riqueza. Se uma família precisa de dinheiro para gastar, mas prefere não ter que pagar os juros altos associados a um crédito pessoal, uma opção seria tomar um empréstimo dando o imóvel como garantia: o "refinanciamento imobiliário", como é conhecido. O empréstimo garantido (como o financiamento imobiliário, em que a inadimplência pode acarretar a perda do imóvel) costuma ter juros muito mais baixos do que um empréstimo não garantido (em que não existe ativo para o banco penhorar no caso de inadimplência). Quando o preço do imóvel sobe, há mais oportunidades para tomar empréstimos dando como garantia o patrimônio valorizado.

Vamos voltar ao exemplo que demos anteriormente, em que uma pessoa tem uma casa que vale R$ 200.000, mas também um financiamento de R$ 150.000. Os bancos hoje em dia não costumam oferecer empréstimos que excedam 75% do valor do imóvel, de maneira que, se o preço do imóvel continuar em R$ 200.000, o proprietário terá dificuldades em tomar outro valor emprestado oferecendo-o como garantia. Mas imagine se o preço do imóvel subisse para R$ 250.000. Se o banco emprestasse até o limite de 75%, isso significa que o proprietário poderia fazer outro empréstimo no valor de R$ 37.500

(75% da valorização do imóvel). Ele poderia então gastar esse dinheiro, o que iria aumentar a taxa de crescimento econômico. Ou seja, a valorização dos imóveis facilita o acesso ao crédito bancário por parte dos proprietários de imóveis.

Outra razão para se pensar que mais imóveis negociados (e por sua vez preços mais altos) devem aumentar o consumo é que, quando as pessoas se mudam, elas tendem a gastar em bens de consumo duráveis, como eletrodomésticos, tapetes, cortinas e televisores. No entanto, pode ser que essas compras sejam simplesmente adiantadas para coincidir com a compra da casa, de maneira que o maior consumo de utensílios domésticos agora pode significar um consumo menor no futuro.

Mas há também opiniões que sugerem que os eventos do mercado imobiliário não causam, mas simplesmente estão associados a mudanças no estado da economia. Já vimos que o consumo das famílias e o preço dos imóveis estão fortemente relacionados, mas pode ser que tanto os imóveis quanto o consumo sejam influenciados por oscilações de outras coisas (em particular, a renda das famílias e a taxa básica de juros). Um aumento na renda ou uma queda nas taxas de juros, por exemplo, podem igualmente impulsionar o consumo e a demanda por imóveis, sem que um cause mudanças no outro.

Outra razão para questionar a relação entre o preço dos imóveis e o consumo é que, quando o preço dos imóveis aumenta, uma pessoa que se muda terá apenas que pagar por um aumento equivalente ao comprar outra casa. E pense no prejuízo das pessoas que estão comprando sua primeira casa: certamente o consumo delas irá diminuir à medida que o preços dos imóveis aumenta. Afinal, elas irão precisar de um financiamento maior para comprar um imóvel caso os preços subam, o que também significa um maior pagamento de juros. Isso poderia comprometer sua renda disponível e reduzir a quantidade que eles têm para gastar em outras coisas.

Imóveis mais caros são simplesmente uma transferência de riqueza de quem não tem imóvel para quem tem. O aumento no preço dos imóveis, portanto, não deve ser considerado produtivo de forma alguma, com exceção do número maior de corretores de imóveis e serviços legais associados às maiores negociações de imóveis e à sua consequente valorização.

O PROBLEMA DA BOLHA E A CRISE DO SUBPRIME

Devido à importância do mercado imobiliário, quando as coisas vão mal, costuma haver um impacto negativo considerável no restante da economia. Em um período de aquecimento, os preços dos imóveis podem ser pressionados para cima pela expectativa de ganhos de capital futuro, mas podem acabar indo longe demais. Foi exatamente o que aconteceu no avanço para a crise do subprime. Aprendemos sobre essa crise no capítulo 3: as pessoas que não estavam em condições financeiras de terem sua casa própria, apesar disso, tomaram empréstimos e compraram casas.

O conceito de valor de mercado ou preço de equilíbrio simplesmente se perdeu em meio ao excesso de confiança, e os compradores entraram na onda de que os preços iriam subir indefinidamente. Mas as leis da economia sugerem que os preços em algum momento irão voltar ao ponto em que as forças fundamentais de oferta e demanda nos dizem. Isso foi exatamente o que aconteceu durante a crise: o preço dos imóveis nos EUA começou a cair no final de 2006.

Recessões e as correções dos preços dos imóveis andam de mãos dadas, o que pode ser uma má notícia para os donos de imóveis; principalmente se, em primeiro lugar, eles financiaram um alto valor para comprar suas casas. Quando um comprador tem um alto financiamento em relação ao preço da casa, não é preciso um grande declínio no preço dos imóveis para que o saldo devedor se torne maior do que o valor da casa, o chamado "patrimônio líquido negativo". Isso se tornou um problema para os donos de imóveis nos EUA no fim dos anos 2000, quando a recessão associada à crise do crédito deixou os mutuários de alto risco desempregados, não sendo mais capazes de pagar os juros dos seus financiamentos.

QUEM VOCÊ PRECISA CONHECER

Robert Shiller

Robert Shiller passou boa parte da sua vida acadêmica estudando as bolhas (ou o crescimento insustentável) nos preços dos ativos, principalmente ações e imóveis. Ele é o responsável, junto com Karl Case, por desenvolver o índice de preços de imóveis mais conhecido dos EUA: o Índice Case-Shiller, que mede a inflação de preços de imóveis observando as vendas repetidas dos mesmos imóveis. Foi laureado com o Prêmio Nobel de Economia em 2013.

Seu livro mais famoso talvez seja *Exuberância irracional*, nome tirado da expressão dita por Alan Greenspan em 1996, então presidente do Federal Reserve (o banco central americano) ao descrever as valorizações excessivas do mercado de ações na época. Quando a primeira edição do seu livro foi lançada, os mercados estavam inundados pela expansão das "ponto com" (o forte aumento do preço das ações de empresas que atuavam na internet), que iria eventualmente se reverter, ajudando a causar a recessão de 2001 nos EUA e desacelerações notáveis em quase todas as economias desenvolvidas.

O campo de economia no qual Shiller trabalha é chamado de economia "comportamental" (ou finanças comportamentais), uma investigação de como as famílias, os investidores e as empresas tomam decisões e quais são os seus impactos na economia. Embora isso possa parecer o que todos os economistas fazem, a diferença importante é que ela questiona o pressuposto de "racionalidade" na economia: a ideia de que os indivíduos irão sempre agir para maximizar os próprios interesses (mais ou menos a história da mão invisível de Adam Smith). Ela é uma contestação direta da Hipótese do Mercado Eficiente, que diz que, nos mercados financeiros e de ativos (como os de ações e imóveis), os preços estão sempre no nível adequado por refletirem todas as informações conhecidas que poderiam afetar o preço. A volatilidade dos preços dos ativos (principalmente os associados à crise do crédito) aumentou o interesse pela economia comportamental nos últimos anos.

QUEM DISSE

"À medida que os preços de imóveis caem, uma quantidade enorme de extravagâncias financeiras estão sendo expostas. Você só descobre quem está nadando nu quando a maré baixa."

Warren Buffett

Em situações como essa, em um primeiro momento as famílias podem começar a atrasar algumas parcelas. Os bancos geralmente permitem um prazo de tolerância antes de tomarem providências, mas, se eles acreditam que a família não será capaz de colocar as parcelas em dia, pode prosseguir para a penhora do imóvel. Isso significa forçar os donos a vender, utilizando o produto da venda para quitar o financiamento. Com o patrimônio líquido negativo, obviamente, isso pode não ser possível.

Na maioria dos países europeus, se o preço do imóvel for insuficiente para cobrir o financiamento, o dono do imóvel fica devendo a diferença ao banco. No entanto, em alguns estados americanos os empréstimos são garantidos apenas pelo bem dado em garantia, de forma que no caso de queda no preço do imóvel e da penhora o dono do imóvel só precisa pagar pelo valor atual do imóvel, e não pelo financiamento. Na crise do subprime, os donos de imóveis começaram a devolver as chaves ao banco, não estando mais dispostos a continuar pagando juros de um financiamento maior do que o preço em declínio do imóvel.

O grande problema com as penhoras é que elas podem acabar agravando a crise, pois, com o aumento da oferta de imóveis no mercado, os preços caem ainda mais. E, como vimos acima, quanto mais os preços caem, mais pobres as pessoas se sentem: o consumo desacelera, o desemprego aumenta e todo esse processo continua. Tal situação costuma requerer intervenções externas, como a ajuda do governo (talvez com uma redução dos impostos territoriais) ou do banco central (baixando a taxa básica de juros) para estabilizar as condições.

A escala da recente crise do subprime foi tão grande que seus efeitos ainda serão sentidos por muitos anos. Apenas a intervenção dos formuladores de políticas em larga escala evitou até agora uma repetição da Grande Depressão da década de 30. O poder do mercado imobiliário para criar e destruir uma economia é realmente incrível.

LEMBRE-SE DISTO

O preço dos imóveis, assim como o preço dos bens e serviços cotidianos, é determinado pela interação entre oferta e demanda. Há mais do que uma forma de analisar se o preço dos imóveis é acessível, mas eles podem (e de fato irão) se afastar muito dessas medições de valor de mercado. O preço dos imóveis pode gerar efeitos sérios e devastadores nas economias, tanto na expansão quanto na consequente recessão.

CONCLUSÃO

Esperamos que este livro tenha lhe proporcionado todo o necessário para entender as funções básicas da economia, seja para uma nova profissão, estudo ou por puro interesse por uma das matérias mais fascinantes da atualidade.

O mundo mudou bastante na última década. Basta pensar no aumento do poder econômico da China e da Índia. Ou no fato de que os computadores modernos e a internet lhe permitem acessar informações ou serviços de todo o mundo em questão de segundos.

Apesar de todas as mudanças, as leis básicas da economia (como a forma com que oferta e demanda determinam os preços) prevalecem. Este livro traz conhecimento suficiente sobre os conceitos usados cotidianamente pelos economistas, para aplicá-lo em qualquer situação.

Isso não quer dizer que a economia é imutável. Muito mais do que nas ciências naturais, as tendências podem mudar rapidamente na aplicação da teoria econômica. Por exemplo, você leu como o keynesianismo abriu caminho para o monetarismo, que abriu caminho para as metas de inflação. Mas os mandamentos fundamentais costumam ser os mesmos.

Nos últimos anos, os economistas têm lutado com os efeitos da contração do crédito e da recessão que se seguiu, a pior crise desde a Grande Depressão da década de 30. Antes disso, eles estavam tentando entender as rápidas expansões nos mercados imobiliários pelo mundo. Os dois, como vimos, são indissociáveis: os excessos durante uma expansão costumam lançar as bases para uma crise subsequente.

Cada nova fase na história abre espaço para novas teorias que ajudam a Economia a avançar um pouco mais. As próximas décadas provavelmente irão oferecer desafios completamente novos para a ciência. Podemos apenas cogitar quais eles serão. Mas as questões sobre como lidar com o envelhecimento das populações nos países desenvolvidos ou o rápido crescimento dos mercados emergentes parecem bons palpites por enquanto.

Esperamos que este livro tenha lhe mostrado que a economia pode ser simples e interessante. Ele irá ajudá-lo a entender alguns dos principais problemas que enfrentamos hoje e amanhã. Esperamos tê-lo inspirado a aprender mais.

AGRADECIMENTOS

Muito obrigado a Ellen Hallsworth (Editora John Wiley), Mark Wall (Deutsche Bank), Rajat Goswami e Jean-Christophe Grey pelo tempo, auxílio e experiência.

E, é claro, não conseguiríamos escrever este livro sem o apoio de amigos e da família. Em especial, Kirsty Good, Tamawa Desai e nossos pais, Barbara e Malcolm Montgomery, Ken e Val Buckley e Jyoty e Niranjan Desai que merecem destaque por todo seu amor e dedicação.

O QUE VOCÊ PRECISA SABER SOBRE ECONOMIA

GEORGE BUCKLEY & SUMEET DESAI

EDITORA FUNDAMENTO

2015, Editora Fundamento Educacional Ltda.

Editor e edição de texto: Editora Fundamento
Editoração eletrônica: Willian Bill
CTP e impressão: Fotolaser Gráfica e Editora Ltda.
Tradução: Luís Gustavo Gentil Machado Farias

Dados Internacionais de Catalogação na Publicação (CIP)
(Câmara Brasileira do Livro, SP, Brasil)

Buckley, George
O que você precisa saber sobre economia / George Buckley e Sumeet Desai ; [versão brasileira da editora] - 1. ed. - São Paulo, SP: Editora Fundamento Educacional Ltda., 2015.

Título original: What you need to know about Economics

12-06260 CDD-330

Índice para catálogo sistemático:
1. Economia 330

Fundação Biblioteca Nacional

Depósito legal na Biblioteca Nacional, conforme Decreto nº 1.825, de dezembro de 1907.

Impresso no Brasil

Telefone: (41) 3015 9700
E-mail: info@editorafundamento.com.br
Site: www.editorafundamento.com.br

Este livro foi impresso em papel pólen soft 80 g/m² e a capa em papel-cartão 250 g/m²

O QUE VOCÊ PRECISA SABER SOBRE ECONOMIA

GEORGE BUCKLEY & SUMEET DESAI

EDITORA FUNDAMENTO